AF467360

GÉNÉRAL GALLIENI
GOUVERNEUR GÉNÉRAL DE MADAGASCAR ET DÉPENDANCES

MADAGASCAR

La Vie du Soldat

Alimentation — Logement
Habillement — Soins médicaux

PARIS
LIBRAIRIE MILITAIRE R. CHAPELOT ET Ce
IMPRIMEURS-ÉDITEURS
30, Rue et Passage Dauphine, 30

1905

MADAGASCAR

La Vie du Soldat

DU MÊME AUTEUR

Une colonne dans le Soudan français (1886-1887). Paris, 1888, broch. in-8 avec croquis.............................. 1 fr. 50

Trois colonnes au Tonkin (1894-1895). Paris, 1899, 1 vol. in-8 avec 10 cartes et une vue................................ 4 fr.

La pacification de Madagascar. — Opérations militaires du mois d'octobre 1896 au mois de mars 1898. Paris, 1900, 1 fort vol. grand in-8 avec de nombreuses illustrations et 31 cartes en couleurs. 12 fr.

GÉNÉRAL GALLIENI
GOUVERNEUR GÉNÉRAL DE MADAGASCAR ET DÉPENDANCES

MADAGASCAR

La Vie du Soldat

Alimentation — Logement
Habillement — Soins médicaux

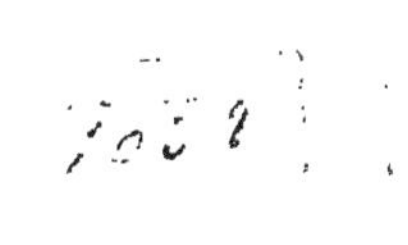

PARIS
LIBRAIRIE MILITAIRE R. CHAPELOT ET Cᵉ
IMPRIMEURS-ÉDITEURS
30, Rue et Passage Dauphine, 30

1905

MADAGASCAR

La Vie du Soldat

Alimentation — Logement
Habillement — Soins médicaux

Au cours de l'occupation progressive de Madagascar qui a succédé à la conquête et qui n'a été, en somme, qu'une conséquence impérative de la loi d'annexion du 10 août 1896, l'action militaire qu'il a fallu poursuivre sans interruption pendant plusieurs années a été, dans les débuts, souvent entravée et rendue particulièrement pénible par les systèmes d'administration que consacraient les règlements en vigueur pour l'alimentation, le logement et l'habillement des troupes.

Placé ainsi dans l'alternative de demeurer dans le *statu quo* ou de compliquer et d'allonger considérablement l'œuvre de pacification, le commandement a dû, de toute nécessité, réaliser un mécanisme administratif aussi simple que possible et assez souple pour pourvoir rapidement aux besoins essentiels des troupes et leur assurer en tout temps la subsistance et les abris nécessaires. Une fois créé, ce système a été sans cesse perfectionné par l'expérience et a permis en fin de compte de vaincre aisément les multiples difficultés avec lesquelles on s'est trouvé aux prises. Il a ainsi poussé de profondes racines dans les diverses fractions du corps d'occupation et, en quelques années, son application d'abord localisée a été, par suite de l'évidence des résultats, étendue à toutes les régions de Madagascar.

Ce système consiste à assurer, au moyen de « masses collectives », les services de l'alimentation, du logement et de l'habillement des troupes. Il a donné à Madagascar des résultats entièrement satisfaisants, et aujourd'hui que la grande île est entrée dans une phase définitive, il faut l'espérer, de sécurité et de mise en valeur, il m'a paru utile, dans un but de diffusion et de vulgarisation, d'exposer ici la méthode appliquée et d'indiquer les améliorations qu'elle a permis d'apporter à l'existence matérielle de nos soldats.

En 1896, au moment où Madagascar était déclarée terre française, l'insurrection battait son plein et quelques points stratégiques étaient seuls en notre possession ; c'étaient sur la côte : Tamatave, Diégo-Suarez, Majunga, Fort-Dauphin et, dans l'intérieur, Tananarive et Fianarantsoa, dont les garnisons, serrées de près par les rebelles, étaient à la veille de voir leurs communications interrompues avec la côte.

En trois ans, un système d'occupation progressive, judicieusement appliqué par les officiers commandants de cercles, a permis d'apaiser ce mouvement séditieux, amené les soumissions successives des chefs de l'insurrection et abouti enfin à un état qui paraît voisin de la pacification définitive. D'ailleurs, les faibles effectifs dont on disposait (moins de 15,000 hommes pour un pays très accidenté, d'une superficie supérieure à celle de la France) et la mobilité des insurgés ont rendu très laborieuses les opérations militaires des colonnes chargées de la répression.

La pénétration du pays fut poursuivie par zones concentriques, dont la périphérie était garnie de postes provisoires et dont le rayon augmentait chaque jour ; en un mot, on fit de l'occupation mobile. Ce fut une tâche ardue à accomplir, étant données la grande étendue du territoire, sa topographie tourmentée, l'absence de toute voie de communication régulière, et enfin la pénurie complète de ressources dans de vastes régions presque entièrement inhabitées. D'autre part, la marche constante en avant et les déplacements incessants des postes qui en résultaient, étaient une source continuelle de difficultés et d'embarras pour les services auxiliaires chargés d'assurer le ravitaillement, le logement et l'hospitalisation des troupes.

Au début, on envisagea bien la création des installations

réglementaires : magasins administratifs et personnel du commissariat pour assurer la conservation et la délivrance des vivres et des approvisionnements de toute nature, casernements définitifs à construire par les services techniques, formations sanitaires à ériger dans les principaux centres. Mais, en toute conscience, on reconnut très vite que ces installations seraient insuffisantes de par leur stabilité même et que, d'autre part, l'organisation de mobilisation, prévue pour la durée de la campagne de 1895, avait bien la mobilité voulue, mais ne possédait pas les organes moralement et matériellement indispensables pour satisfaire aux besoins des troupes, pendant la longue période qu'allait exiger l'occupation systématique du pays.

Il fallut donc chercher à étudier, sinon à créer de toutes pièces, une organisation mixte, fonctionnant avec la régularité d'un service définitif et stable, tout en ayant une élasticité suffisante pour se plier aux transformations continuelles de besoins toujours urgents.

En 1894 et 1895, ayant trouvé au Tonkin une situation analogue, j'avais fait dans cette voie un premier essai dont le résultat avait été entièrement satisfaisant et pour lequel j'avais rencontré le concours le plus utile auprès des officiers placés alors sous mes ordres et notamment du commandant, aujourd'hui général Famin, le distingué directeur des troupes coloniales au ministère de la guerre.

A Madagascar, secondé de même par le commissaire principal des colonies Noguès et par le lieutenant-colonel Lucciardi, si prématurément enlevé à l'armée coloniale, j'ai fait reprendre en les étendant considérablement les essais faits au Tonkin. Il a été possible ainsi d'obtenir des résultats décisifs, qui sont exposés ci-après et qui pourront peut-être faire l'objet d'expériences plus complètes encore, en vue cette fois d'une réorganisation définitive des services auxiliaires de notre armée coloniale.

Il convient de rappeler d'ailleurs que le système des masses n'est pas absolument nouveau en France. Au commencement du siècle dernier, il y a fonctionné pendant plusieurs années, et on n'y a renoncé alors qu'en raison des difficultés du contrôle, insuffisamment assuré à cette époque.

Comme on le verra plus loin, cet inconvénient est et a été complètement évité à Madagascar et, dans ces conditions, les résultats très concluants et très concordants obtenus ont mis en pleine lumière les multiples avantages du système.

***

L'État doit aux troupes, en dehors de la solde proprement dite, la nourriture, l'habillement, le logement et les soins médicaux. En principe, en France comme aux colonies l'administration militaire, commissariat des troupes coloniales pour les vivres et l'habillement, direction d'artillerie ou chefferie du génie pour les casernements, corps de santé militaire dans les hôpitaux ou dans les infirmeries des corps, doit pourvoir à tous ces besoins.

Or, au lieu de cette administration trop centralisée, le système des masses revient à mettre en jeu directement l'action du chef d'unité ou de détachement et à le charger de *pourvoir aux besoins de ses hommes au moyen d'une unité représentative qu'il touchera pour chaque journée de présence à l'effectif.*

Toutefois, le principe n'a de valeur qu'autant que cette indemnité est collective, c'est-à-dire perçue et employée, non pour les hommes envisagés isolément, mais pour l'ensemble du détachement qu'ils constituent. On ne doit pas oublier en effet qu'en dehors des besoins personnels à chacun des intéressés, il existe des besoins généraux et impersonnels, inséparables des précédents.

De là, la création, non pas d'un compte particulier à chaque homme, mais d'une masse, véritable *coopérative,* impliquant l'idée de pluralité de ressources et de collectivité d'individus ayant des besoins analogues.

Avant d'entrer plus avant dans les détails d'application de ce système, on peut encore remarquer qu'avec l'ancien mode, toujours en vigueur dans nos autres colonies, c'est-à-dire l'entretien en nature de l'homme, l'État s'est néanmoins vu dans l'obligation d'assurer, à l'aide d'une indemnité journalière, la satisfaction de certains besoins trop variables pour être réglementés d'une façon uniforme et absolue.

C'est ainsi qu'à la ration délivrée en nature et qui comprend les éléments primordiaux de la nourriture du soldat : pain, vin, viande, graisse, etc., est venu s'adjoindre l'*ordinaire*, véritable masse collective qui, par le moyen d'une allocation quotidienne par homme, prélevée sur la solde, permet à l'ensemble de l'unité d'acheter les vivres accessoires complémentaires des précédents.

Le principe une fois posé, un rapide examen permet de se rendre compte de ses avantages incontestables et aussi de quelques inconvénients contre lesquels il convient de se mettre en garde.

L'une des objections — et c'est en réalité la plus sérieuse — est qu'un détachement peut se trouver dans l'impossibilité de satisfaire à ses besoins matériels à l'aide d'une indemnité pécuniaire. Or, il faut évidemment qu'il puisse trouver sur place, avec les ressources mises à sa disposition, tous les éléments nécessaires à son existence. Il faut, en outre, qu'en s'adressant au commerce local, il ne se trouve pas en présence d'une coalition d'intérêts, dont le résultat serait de lui faire payer très cher la satisfaction de ses besoins et contre laquelle il se trouverait pratiquement sans défense.

En fait, l'expérience qui s'est poursuivie à Madagascar depuis plusieurs années a établi qu'une bonne organisation suffit à écarter cet inconvénient; d'autre part, elle a montré que le système des masses présente des avantages fort nombreux.

Le premier et le plus important est que les chefs d'unité ou de détachement, qui ont la connaissance des besoins de leurs hommes, possèdent en même temps les ressources affectées pour les satisfaire.

Un autre avantage est de réduire au minimum l'importance des services auxiliaires, dont le rôle de participation directe se transforme ainsi en un simple rôle de contrôle et de haute direction.

La même précision technique préside aux opérations, mais le détail des services, directement assuré par les intéressés eux-mêmes, y gagne en concours dévoués, tout en profitant dans une notable proportion de la réduction des frais généraux.

D'autres conséquences favorables découlent encore de cette organisation.

La meilleure utilisation des ressources locales et l'augmentation de ces ressources, soit comme production, soit comme importation sont loin d'être des éléments négligeables, et, avec ce système de gestion directe, ils prennent sans désavantage pour l'État une immédiate importance, intéressant le développement économique de la colonie.

On peut enfin prévoir, en fixant largement le taux de l'indemnité quotidienne, l'absorption de certaines dépenses, imprévues ou accidentelles, telles que les pertes par cas de force majeure, dépenses que toute entreprise commerciale comprend sous la rubrique *profits et pertes*, et que l'État n'a pas encore officiellement reconnue, bien qu'elles grèvent assez fortement son budget.

Comme corollaire de la disparition de ces dépenses, l'administration pourra arriver à une précision budgétaire inconnue jusqu'à ce jour et qui ne saurait qu'être la bienvenue auprès des commissions parlementaires.

L'application du principe des masses à la satisfaction des divers besoins du troupier : nourriture, logement, soins médicaux est assurée à Madagascar dans les conditions spécifiées ci-après. Enfin, on indiquera dans un paragraphe spécial les propositions qui ont été faites en vue d'appliquer également ce principe à l'habillement des troupes.

I

MASSE DE RAVITAILLEMENT

Le corps d'occupation se ravitaille en vivres dans quatre magasins administratifs constitués dans les quatre grands centres : Tananarive, Tamatave, Diégo-Suarez et Majunga.

Ces magasins renferment en vivres le stock nécessaire à la consommation courante et aux besoins extraordinaires d'une mobilisation.

Le prix de revient de ces vivres, qu'ils soient envoyés de France ou achetés sur place, a été très exactement calculé en tenant compte, non seulement du prix d'achat, mais aussi des frais de manutention dans les magasins et des frais de transport de ces magasins aux diverses garnisons de l'île.

On a ainsi obtenu, en appliquant ces prix aux quantités de denrées qui constituent la « ration », la valeur exacte dans chaque place de la nourriture d'un soldat européen ou indigène, ainsi que de celle des chevaux et mulets appartenant aux services militaires.

C'est ce prix de revient qui a été admis comme taux de l'indemnité représentative de la ration que les divers corps de troupe perçoivent en même temps que leur solde et suivant les mêmes règles administratives.

Le conseil d'administration de chaque corps répartit ensuite cette indemnité entre les diverses unités administratives qui le composent (dans l'espèce : les compagnies, batteries et détachements formant corps).

Là s'arrête le rôle de l'administration militaire; celui des officiers commandant les unités ou détachements commence ensuite et il consiste à utiliser de la façon la plus judicieuse cette indemnité pour nourrir leurs hommes.

La colonie de Madagascar est, au point de vue administratif et militaire, divisée en un certain nombre de grandes circonscriptions territoriales qui portent, selon qu'elles sont administrées par des officiers ou des administrateurs civils, les dénominations respectives de « cercles » ou de « provinces ».

Chaque cercle ou province compte un nombre variable d'unités militaires, compagnies ou détachements isolés, groupés sous le commandement de l'officier le plus élevé en grade, qui prend le nom de commandant de cercle ou de commandant des troupes en province civile.

C'est, en un mot, sur un pied beaucoup plus modeste, l'organisation territoriale des régions de corps d'armée en France.

L'officier commandant des troupes en cercle militaire ou en province civile est la cheville ouvrière de tout le système, et c'est lui qui est chargé directement d'assurer la nourriture des troupes qu'il commande.

A cet effet, il constitue auprès de chaque garnison de son territoire un magasin dit « magasin de poste », pourvu de tous les éléments nécessaires à l'existence du soldat. Agissant pour le compte de ces magasins, il achète, tout comme un particulier, les vivres qu'on ne peut trouver sur place et, dans ce cas, les livraisons lui sont faites par les quatre magasins administratifs de Tananarive, Tamatave, Diégo-Suarez et Majunga.

Il assure le transport par terre ou par mer de ces denrées et les fait répartir dans les magasins de poste.

Quant aux vivres qu'il peut trouver sur place à un prix moindre, en particulier les vivres frais, il les achète directement soit au commerce, soit aux producteurs locaux.

C'est au magasin de poste de sa garnison que chaque commandant d'unité achète, jusqu'à concurrence du taux de la ration, les vivres nécessaires à ses hommes et les rembourse au prix de revient, c'est-à-dire, soit au prix calculé dont nous avons parlé précédemment pour les vivres provenant des services administratifs, soit au prix d'achat pour les vivres achetés sur place.

L'unité bénéficie donc de la différence des prix puisqu'elle n'achète jamais qu'à un prix égal ou inférieur à celui qui a servi de base au calcul de l'indemnité représentative qu'elle a perçue. De là, l'existence d'un boni quotidien dont le décompte est totalisé trimestriellement.

De ce boni il est fait trois parts :

Un sixième reste à la compagnie et est versé à l'ordinaire, c'est-à-dire est employé à fournir certains suppléments indispensables à la préparation des aliments ou propres à augmenter le confort de la table. Cette ressource de l'ordinaire permet aussi de venir en aide aux militaires détachés dans certains postes qui se trouvent, de par leur isolement, désavantagés pécuniairement vis-à-vis de leurs camarades vivant en commun.

La moitié du boni est ensuite versée au commandant de cercle, et le tiers restant à l'État.

On a donné le nom de *fonds commun* au compte que tient le commandant de cercle. Ce « fonds commun » achète en somme aux magasins administratifs ou sur place et revend au prix coûtant aux unités.

Son seul bénéfice (on peut employer ce terme en parlant d'une institution dont les opérations ont en somme de grandes analogies avec celles d'une maison de commerce) consiste, en principe, dans la recette mensuelle de la moitié du boni de chaque unité.

En échange, le fonds commun doit payer les frais de transport des vivres qu'il achète, les frais de manutention, les pertes possibles, en un mot tous les frais généraux répondant à des besoins communs et impersonnels.

Bien entendu, à l'origine, et afin de leur constituer un fonds de roulement, les magasins administratifs ont fait aux « fonds communs » l'avance d'un premier stock de vivres à rembourser ultérieurement au fur et à mesure des recettes.

On voit la part extrêmement considérable laissée à l'initiative de l'officier commandant des troupes et gérant du « fonds commun » dans chaque cercle ou province. On n'a eu nulle part à le regretter, et partout les résultats ont été des plus satisfaisants au triple point de vue des améliorations apportées à l'alimentation et au bien-être du soldat, des économies réalisées par l'État, et enfin du développement économique de la colonie.

Chacun des aspects de cette question mérite une étude particulière.

Dans un pays démocratique comme le nôtre, où l'armée fait partie intégrante de la nation, le bien-être du soldat doit faire l'objet de la constante sollicitude des pouvoirs publics, surtout à l'époque où le spectre de la dépopulation émeut tous les bons Français. L'opinion s'en préoccupe constamment; nous en avons eu un exemple dans le retentissement d'une interpellation récente, visant le pourcentage trop élevé de la mortalité de nos jeunes soldats. Et l'on n'a pas oublié les paroles éloquentes que M. le Ministre de la guerre lui-même a prononcées à ce sujet.

Plus peut-être que leurs camarades de l'armée de terre, nos soldats coloniaux, qui portent au loin si vaillamment le drapeau de la France et dont l'histoire est si intimement liée au merveilleux épanouissement de notre empire d'outre-mer, ont droit à toute la bienveillance du gouvernement et à la plus grande somme de bien-être et de confortable compatible avec l'intérêt du service.

C'est ainsi qu'on en fera des collaborateurs dévoués à l'œuvre de leurs chefs et que chacun d'eux, dans sa sphère modeste, en échange du bien-être qu'il aura reçu, exécutera avec intelligence et entrain les ordres donnés.

L'application du principe de la masse de ravitaillement a permis d'atteindre ce but, et chacun s'en est rendu compte dans les corps où ce système a été mis en vigueur. Du commandant des troupes au simple soldat, tous se sont attachés, suivant leurs moyens, à le faire réussir, et c'est par le concours de toutes les bonnes volontés que les résultats ont été obtenus.

Dans chaque garnison, des fermes se sont élevées, des jardins se sont créés, des magasins ont été construits. Les produits naturels étant ainsi obtenus à bas prix, d'autres éléments achetés dans le commerce local ont permis à cette sorte de coopérative qu'est le « fonds commun » d'assurer à ses membres en toute indépendance une alimentation saine, abondante, agrémentée même de quelques douceurs que le troupier avait ignorées jusqu'à ce jour.

A titre de renseignement sur les résultats que permet d'obtenir le système de la masse de ravitaillement, voici quelques menus pris au hasard parmi les unités des troupes européennes des diverses régions de Madagascar. Ils montrent que l'amélioration de la nourriture de nos soldats n'est pas le privilège de quelques unités, mais s'applique indistinctement à tous les corps et à toutes les armes.

TANANARIVE

13e RÉGIMENT D'INFANTERIE COLONIALE — 4e Compagnie

Lundi 19 octobre.

Déjeuner :	*Dîner :*
Omelette tomates.	Soupe aux légumes.
Choux au lard.	Haricots bretonne.
Ragoût de mouton.	Carottes à la Vichy.
Bœuf braisé.	Bœuf en sauce.
Bananes.	Ananas.
Café, thé.	Café, thé.

Mardi 20 octobre.

Déjeuner :	*Dîner :*
Œufs sur le plat.	Soupe grasse.
Pommes sautées.	Haricots bretonne.
Oseille aux œufs durs.	Navets au jus.
Porc rôti.	Bœuf sauce piquante.
Bananes.	Ananas.
Café, thé.	Café, thé.

Mercredi 21 octobre.

Déjeuner :	*Dîner :*
Omelette fines herbes.	Potage gras.
Navarin aux pommes.	Haricots au lard.
Petits pois à la française.	Carottes sautées.
Biftecks.	Bœuf sauce tomate.
Bananes.	Ananas.
Café, thé.	Café, thé.

Jeudi 22 octobre.

Déjeuner :	*Dîner :*
Œufs frits.	Potage vermicelle.
Haricots verts sautés.	Boulettes farcies.
Ragoût de mouton.	Riz au gras.
Poulet jardinière.	Bœuf sauce piquante.
Bananes.	Ananas.
Café, thé.	Café, thé.

Vendredi 23 octobre.

Déjeuner :	*Dîner :*
Saucisses grillées.	Potage aux légumes.
Pommes purée.	Carottes à la Vichy.
Petits pois à la française.	Haricots au lard.
Côtelettes.	Bœuf rôti.
Bananes.	Ananas.
Café, thé.	Café, thé.

Samedi 24 octobre.

Déjeuner :	*Dîner :*
Œufs sur le plat.	Soupe grasse.
Pommes ragoût.	Choux sautés.
Haricots verts salade.	Haricots au lard.
Porc rôti.	Bœuf sauce tomate.
Bananes.	Ananas.
Café, thé.	Café, thé.

Dimanche 25 octobre.

Déjeuner :	*Dîner :*
Fromage de porc.	Potage vermicelle.
Œufs frits	Carottes à la Vichy.
Salmis de canard.	Riz au gras.
Pommes frites.	Poulet rôti.
Veau rôti.	Ananas.
Salade.	Café, thé.
Crème à la vanille.	
Café, thé.	

3e *BATTERIE D'ARTILLERIE COLONIALE — Groupe de l'Emyrne.*

Lundi 19 octobre.

Réveil : Œufs durs. — Café.

Déjeuner :	*Dîner :*
Soupe aux légumes.	Soupe grasse.
Œufs sur le plat.	Bœuf sauce tomate.
Pâté de foie gras.	Macaroni au fromage.
Pommes de terre frites.	Rôti de bœuf.
Rôti de porc.	Poulet en sauce.
Bananes.	
Café.	

Mardi 20 octobre.

Réveil : Soupe à l'oignon. — Café.

Déjeuner :	*Dîner :*
Soupe aux légumes.	Soupe grasse.
Jambonneau.	Bœuf sauce tomate.
Œufs pochés.	Rognons sautés.
Haricots sautés.	Choux sautés.
Biftecks.	Conserves à la vinaigrette.
Ananas.	
Café.	

Mercredi 21 octobre.

Réveil : Soupe à l'oignon. — Café.

Déjeuner :	*Dîner* :
Soupe aux légumes.	Soupe grasse.
Omelette.	Bœuf sauce tomate.
Pommes de terre frites.	Carottes au jus.
Blanquette de veau.	Ragoût de porc.
Rôti de porc.	Poulet rôti.
Bananes.	
Café.	

Jeudi 22 octobre.

Réveil : Saucisses. — Café.

Déjeuner :	*Dîner* :
Soupe aux légumes.	Soupe vermicelle.
Œufs sur le plat.	Bœuf nature.
Pâté de foie gras.	Ragoût de porc.
Pommes frites.	Haricots sautés.
Biftecks.	Foie en sauce.
Salade.	Rôti de porc.
Café.	

Vendredi 23 octobre.

Réveil : Soupe à l'oignon. — Café.

Déjeuner :	*Dîner* :
Soupe aux légumes.	Soupe grasse.
Pâté de porc.	Bœuf en sauce.
Œufs pochés.	Choux sautés.
Pommes frites.	Ragoût de porc.
Rôti de bœuf.	Poulet rôti.
Bananes.	
Café.	

Samedi 24 octobre.

Réveil : Œufs durs. — Café.

Déjeuner :	*Dîner :*
Soupe aux légumes.	Soupe grasse.
Omelette.	Bœuf sauce tomate.
Pâté de foie gras.	Céleri au jus.
Pommes frites.	Ragoût.
Biftecks.	Rôti de porc.
Bananes.	
Café.	

Dimanche 25 octobre.

Réveil : Soupe à l'oignon. — Café.

Déjeuner :	*Dîner :*
Soupe aux légumes.	Soupe grasse.
Jambonneau.	Bœuf nature.
Pommes frites.	Blanquette de veau.
Œufs sur le plat.	Haricots verts.
Côtelettes.	Poulet froid.
Salade.	
Café.	

FIANARANTSOA

13e RÉGIMENT D'INFANTERIE COLONIALE — 6e Compagnie.

Lundi 19 octobre.

Déjeuner :	*Dîner :*
Œufs pochés.	Soupe vermicelle.
Bœuf sauce tomate.	Canard aux navets.
Pommes sautées.	Choux-fleurs sauce blanche.
Côtelettes de porc.	Rôti de porc.
Salade.	Dessert.
Dessert.	Thé.

Mardi 20 octobre.

Déjeuner :	*Dîner :*
Omelette aux tomates.	Soupe grasse.
Bœuf miroton.	Bœuf aux carottes.
Choux aux saucisses.	Tomates farcies.
Biftecks cresson.	Bœuf rôti.
Salade.	Dessert.
Dessert.	Thé.

MAJUNGA

COMPAGNIE DU BATAILLON ÉTRANGER

Mardi 20 octobre.

Réveil : Thé au rhum. — Pain.

Déjeuner :	*Dîner :*
Soupe au pain.	Soupe au potiron.
Légumes.	Bœuf en daube.
Bœuf sauce tomate.	Haricots au jus.
Lentilles au jus.	Grillades.
Boulettes aux confitures.	Salade verte.
Salade verte.	Bananes.
Bananes.	Café.
Café. Tafia.	

Mercredi 21 octobre.

Réveil : Thé au rhum. — Pain.

Déjeuner :	*Dîner :*
Soupe au pain.	Soupe au pain.
Légumes.	Légumes.
Hachis Parmentier.	Bœuf miroton.
Nouilles au fromage.	Purée de pois.
Biftecks.	Poisson.
Salade verte.	Ananas.
Ananas.	Café.
Café. Tafia.	

3e REGIMENT DE TIRAILLEURS SÉNÉGALAIS — Section hors rang.

Mardi 20 octobre.

Réveil : Café. — Pain.

Déjeuner :	*Dîner :*
Soupe aux oignons.	Potage vermicelle.
Poulet sauté.	Bœuf nature.
Ragoût aux pommes.	Haricots au jus.
Biftecks.	Rôti de porc.
Pommes frites.	Bananes.
Bananes.	Thé au rhum.
Café. Tafia.	

Mercredi 21 octobre.

Réveil : Café. — Pain.

Déjeuner :	*Dîner :*
Sardines.	Soupe grasse.
Poisson matelotte.	Bœuf miroton.
Macaroni au gratin.	Purée de pois.
Biftecks aux pommes.	Rôti de porc.
Bananes.	Fromage.
Café. Tafia.	Thé au rhum.

Nous sommes loin de l'ancienne ration, de la boule de son, de l'endaubage et du rata, souvenirs inséparables de celui de la « soupe » dans l'esprit de ceux qui sont passés au régiment il y a quelque dix ans.

L'examen de ces menus montre en somme quel parti les unités peuvent tirer et tirent aujourd'hui, pour le bien-être de leurs hommes, de la part de boni, en l'espèce le sixième, qui leur revient.

Le problème paraissant si compliqué jusqu'alors d'une alimentation saine, variée, réconfortante, propre à réparer autant que possible les effets débilitants des fatigues et du climat des colonies, a donc reçu en réalité une solution définitive, bien supérieure en tout cas au système des délivrances en nature.

Il nous reste à examiner le fonctionnement du « fonds commun », c'est-à-dire le mode d'utilisation de la moitié du boni qui revient à cette caisse.

Les principales dépenses qui incombent aux « fonds communs » sont les suivantes :

Achats de vivres remboursés ultérieurement par les unités au prix courant.

Transport de ces vivres, soit des magasins administratifs, soit du lieu d'achat aux divers magasins de poste qui les délivrent ensuite aux parties prenantes.

Pertes éprouvées en cours de transport ou dans les magasins du « fonds commun ».

Manutention dans ces magasins.

Construction de ces magasins et de leurs dépendances nécessaires, écuries, fours, etc.....

La première de ces dépenses et la plus importante, les *achats des vivres*, étant remboursée intégralement par les unités ainsi que nous l'avons vu précédemment, le boni du « fonds commun » supporte seulement les autres.

Les dépenses de transport comprennent l'achat du matériel de transport et son entretien et les dépenses de personnel nécessaire.

Les transports étant effectués par le « fonds commun », il a paru naturel de rendre ce dernier responsable des pertes subies en cours de route.

L'État s'est exonéré ainsi de dépenses importantes, impossibles à prévoir et pour lesquelles il était fort difficile la plupart du temps d'établir d'exactes responsabilités; en outre, les responsables étant devenus moins nombreux, se trouvent plus directement intéressés à la bonne gestion de leurs ressources; les pertes ont été ainsi réduites dans une proportion considérable.

A titre d'exemple des économies réalisées de ce chef par l'État, je citerai ce fait caractéristique qu'en 1902, à la suite du naufrage, en quelques jours de tempête, de plusieurs boutres employés au ravitaillement des cercles militaires de la côte ouest, il a été possible de mettre à la charge des « fonds communs » une perte de plus de 80,000 francs qui, autrement, eût dû être supportée par l'État.

Pour un motif analogue, les manutentions, mises également à la charge du « fonds commun », sont devenues beaucoup plus économiques. Il a été facile en effet aux commandants des troupes de trouver parmi les militaires européens et indigènes des garnisons d'excellents magasiniers qui, moyennant un modeste supplément prévu au règlement, ont assuré dans les meilleures conditions les manutentions et les distributions quotidiennes, d'ailleurs peu importantes. Ils ont pu, tout en restant soumis aux obligations et à l'entraînement du métier militaire, se mettre très rapidement au courant de leurs nouvelles fonctions et leur emploi a ramené les frais généraux à un taux presque négligeable.

Les dépenses se sont trouvées ainsi réduites à l'achat des outils et instruments de mesurage et de pesage.

Une des plus grosses dépenses mises à la charge des « fonds communs » a été la construction et l'entretien des divers magasins nécessaires, ainsi que de leurs annexes : fours, écuries, cambuses, ateliers de réparation, etc.....

Bien entendu, en l'absence de crédits de première mise, il a fallu opérer progressivement et répartir les dépenses sur plusieurs années.

Au début, des cases indigènes ont suffi provisoirement à assurer les besoins immédiats. Plus tard, lorsque l'actif croissant des « fonds communs » leur a permis de disposer de sommes plus importantes, des constructions définitives se sont élevées.

De solides magasins en maçonnerie, couverts en zinc ou en tuiles et dallés, bétonnés ou planchéiés, ont remplacé les abris primitifs et assurent aujourd'hui dans les meilleures conditions la conservation des vivres qu'ils contiennent.

De même, des fours construits selon toutes les règles de l'art, permettent la fabrication d'excellent pain et des écuries suffisantes abritent la cavalerie que les divers « fonds communs » entretiennent pour leurs transports.

Mais c'est spécialement dans les transports que l'ingéniosité des commandants de cercle, se donnant libre carrière, a obtenu les résultats les plus remarquables et les plus probants.

Antérieurement, une centralisation excessive empêchait de

prévoir et de définir à distance une utilisation vraiment judicieuse des ressources locales; on avait été conduit ainsi, malgré la variété des circonstances, à une réglementation uniforme, peu souple et toujours onéreuse.

Dans le système actuel, au contraire, chaque gérant de « fonds commun », usant d'initiative et d'à-propos s'applique avant tout à tirer le parti maximum des divers moyens et notamment des moyens de transport existant sur son territoire.

Sur mer, les paquebots des Messageries maritimes et des Chargeurs réunis qui font le cabotage sur les côtes de Madagascar, les chaloupes à vapeur appartenant soit à des compagnies privées comme à Tamatave, Diégo et Majunga, soit au service local comme à Analalava et à Nossi-Bé, soit au « fonds commun » lui-même comme à Morondava, les voiliers, les boutres et les pirogues indigènes ont été mis à contribution.

Sur terre, lorsque le ravitaillement a pu utiliser des routes, déjà excellentes, comme celles des environs de Tananarive et de Fianarantsoa, ou construites par ses propres ressources, comme celle de Farafangana à Ivohibé, le transport se fait par voitures traînées soit par des bœufs, soit par des mulets.

Les voitures Lefebvre elles-mêmes, vénérables restes de la campagne de 1895, ont été réparées et transformées par des charrons et forgerons improvisés et rendent encore de multiples services.

En l'absence de routes, des sentiers muletiers, comme celui de Fianarantsoa à Ihosy, ont permis les transports par mulets de bât.

Enfin, lorsque tous ces moyens manquent dans les régions récemment ouvertes à notre influence, on se sert encore de bourjanes, en attendant mieux. Il en est ainsi en particulier dans certaines parties du cercle de Maevatanana.

Mais, tandis qu'en ces points devenus de plus en plus rares aujourd'hui, on est encore, pour peu de temps d'ailleurs, à peu près forcé d'utiliser ces moyens primitifs et dispendieux, aux deux extrémités de la grande île, les « fonds communs » disposent des moyens de transport les plus perfectionnés.

Dans le Sud, l'initiative des commandants de cercle a produit à cet égard des résultats particulièrement remarquables. Profitant avec une rare sagacité technique des avantages que leur offre un pays moins accidenté que le reste de l'île, ils ont tracé en moins de deux ans, par leurs propres moyens, un magnifique réseau de routes carrossables, reliant entre eux les nombreux postes militaires nécessaires dans un pays aussi récemment pacifié et assurant ainsi un ravitaillement très économique.

De Fort-Dauphin pour les Antanosy et les Antandroys, de Tuléar pour les Mahafalys et les Baras, de Farafangana vers Midongy et Ivohibé, partent trois routes principales, construites et entretenues par les « fonds communs », routes dont les nombreuses ramifications desservent tout le sud de l'île.

Sur ces routes, des charrettes confectionnées dans des ateliers appartenant également aux « fonds communs », circulent en toute saison, traînées par des mulets ou par des bœufs; les convois de ravitaillement y croisent les convois du commerce, exportant le caoutchouc et les autres produits locaux.

Dans le Nord, à Diégo-Suarez, un Decauville relie la ville d'Antsirane, chef-lieu du commandement du territoire de Diégo-Suarez aux camps du Sakaramy et de la montagne d'Ambre.

Deux petites locomotives remorquent journellement les trains de ravitaillement dans la première section de la voie ferrée.

A une dizaine de kilomètres plus loin, les pentes devenant trop rapides pour la traction mécanique, les mulets remplacent les locomotives; enfin, dans le dernier tronçon en montagne, des arabas, voitures légères traînées par des mulets, succèdent au bout du rail aux plates-formes trop lourdes.

Il y a là une organisation très complète et très économique, appartenant entièrement au « fonds commun » de la place de Diégo, qui montre bien de quelle heureuse façon les intéressés ont profité de la latitude qui leur est laissée pour leur ravitaillement.

Au début, par mesure de prudence et en vue d'éviter tout renchérissement des denrées que les « fonds communs » achètent sur place, les services administratifs avaient multiplié le nombre de leurs magasins. Ils constituaient ainsi un régulateur tout-puissant vis-à-vis des prétentions exagérées qu'on aurait pu craindre, en leur absence, de voir se produire aux dépens du bien-être du soldat. Mais le commerce local, très sage et très bien avisé dans la circonstance, n'a pas tardé à comprendre le parti qu'il pouvait, dans toutes les régions de l'île, tirer de la nouvelle organisation et les avantages exceptionnels dont il était appelé à profiter en marchant résolument dans la voie ouverte, c'est-à-dire en développant ses ressources proportionnellement aux besoins et en se contentant d'un bénéfice modeste, mais assuré.

Cette intelligence de la situation qu'a montrée le commerce local a permis aux services administratifs de restreindre progressivement le nombre et l'importance de leurs dépôts, réduits actuellement aux seuls magasins dont nous avons déjà parlé, de Tananarive, Tamatave, Diégo-Suarez et Majunga.

Ces quatre magasins sont maintenus définitivement dans l'intérêt supérieur de la défense de la colonie.

En temps de guerre, au premier jour de la mobilisation, les « fonds communs » disparaissent et leurs ressources sont versées aux services administratifs qui fonctionnent seuls, selon le plan arrêté à cet effet.

Dans ces conditions, il est indispensable que, dès le temps de paix, des approvisionnements de réserve soient réunis et entretenus en quantités suffisantes pour parer à tous les besoins du corps d'occupation mobilisé.

En outre, ces vivres doivent être renouvelés périodiquement, en vue de leur éviter un trop long séjour en magasin qui pourrait nuire à leurs qualités primitives.

A cet effet, il a été décidé que certaines denrées entrant dans la composition de la ration, vin et farine spécialement, seraient obligatoirement prises en cession aux magasins administratifs par les « fonds communs », jusqu'à concurrence d'un taux au plus égal à celui de la ration.

Enfin, le règlement, toujours dans le même but, a prévu la délivrance périodique, une fois par semaine par exemple, de certains vivres de réserve, qui ne font pas régulièrement partie de la ration quotidienne.

C'est ce qu'on a pu constater dans les menus ci-dessus reproduits.

Pour la constitution des approvisionnements dans leurs magasins, les services administratifs continuent à passer de grands marchés généraux, dont ils suivent l'exécution selon les règles habituelles. Ils assurent, en outre, le renouvellement de ces stocks par des cessions périodiques aux diverses masses.

Tel est dans ses grandes lignes le fonctionnement du « fonds commun ». C'est grâce à la création de ce rouage que les charges multiples et nécessaires d'une organisation complexe, comme celle du ravitaillement d'un corps d'occupation disséminé par petites garnisons sur un aussi vaste territoire que Madagascar, ont été économiquement et équitablement réparties entre tous, chacun se trouvant intéressé au bon fonctionnement de l'ensemble du système.

Enfin, ainsi que nous l'avons déjà dit, le tiers restant du boni des unités revient à l'État dans les conditions ci-après :

Les compagnies doivent, par l'intermédiaire du « fonds commun » dont elles relèvent, verser cette part dans les caisses des représentants du Trésor. Ces sommes viennent diminuer d'autant le montant des sommes mises par le Parlement à la disposition du Ministre des colonies pour l'alimentation des troupes et ces dépenses se trouvent ainsi réduites au strict minimum.

En réalité, les économies faites par l'État, grâce à ce système, sont infiniment plus importantes que les sommes reversées.

En effet, en dehors de ces versements, qui constituent le bénéfice palpable immédiat, les fortunes croissantes des divers « fonds communs », c'est-à-dire leurs existants en numéraire, vivres, meubles et immeubles, diminués de leurs dettes vis-à-vis des services administratifs, peuvent être considérés comme appartenant en nue propriété à l'État, les corps de troupe intéressés jouissant du seul usufruit.

D'ailleurs, lorsque le « fonds commun » d'un cercle ou d'une province disparaît par suite du retrait des troupes, son avoir est tout entier versé à l'État.

En outre, les dépenses de l'État se trouvent considérablement réduites, par ce fait qu'une partie du service est assurée en dehors de lui, par le « fonds commun ».

De là, réduction notable de toutes les dépenses rentrant dans la rubrique : « Frais généraux ». En particulier, les frais d'entretien des conducteurs d'artillerie coloniale pour les transports, le montant des pertes par cas de force majeure et les dépenses d'administration militaire, c'est-à-dire la solde et les accessoires de solde des officiers du commissariat des troupes coloniales, de ses agents militaires et de ses employés civils se sont trouvés ainsi considérablement amoindris.

Les trois compagnies de conducteurs d'artillerie coloniale qui existaient à Madagascar en 1896 ont pu être supprimées depuis l'application du système de la masse de ravitaillement.

De même, les services administratifs ont toujours fonctionné depuis lors avec un personnel d'officiers et d'agents très notablement inférieur aux prévisions budgétaires; il faudrait certainement augmenter ce personnel et, par suite, les dépenses, le jour où on voudrait revenir au système que l'emploi des masses a eu pour but de remplacer.

Avec l'organisation actuelle, la manière dont s'exerce la surveillance administrative des officiers du commissariat se trouve complètement modifiée.

Ils n'ont plus à se préoccuper des délivrances en nature, ni surtout à faire le rapprochement, toujours lent et laborieux, entre les fournitures faites par les magasins dont ils ont la direction et les droits des parties prenantes.

Toutes les délivrances se font contre remboursement, et ne peuvent plus donner lieu, à des trop ou moins-perçus à régulariser. Ainsi, les comptabilités se trouvent singulièrement simplifiées et les vérifications des écritures des corps de troupe se bornent à constater, de même que pour la solde, que le total des indemnités représentatives payées correspond bien au total des journées de présence effectives des hommes.

Dans ces conditions, une quinzaine d'officiers du commissariat, au lieu de vingt-deux prévus au budget voté par les Chambres, suffisent à assurer le service dans une colonie comme Madagascar où, récemment encore, il n'existait pas moins de cent quarante-six postes militaires répartis dans toutes les régions.

L'expédition de 1895, pour un effectif de troupes analogue (15,000 hommes) et pour un nombre de postes et de colonnes infiniment plus faible avait nécessité l'emploi d'une centaine d'officiers du corps de l'intendance et d'officiers d'administration. Et cependant, en dehors de la ligne d'étapes : Majunga—Tananarive, Diégo et Tamatave étaient seuls occupés.

Quelques chiffres extraits du rapport annuel sur le fonctionnement du service administratif du corps d'occupation de Madagascar pour 1902, permettront d'apprécier d'une façon précise l'importance de ces résultats.

Pendant l'année 1902, l'administration militaire a eu à pourvoir à l'entretien de 10,000 rationnaires (en chiffres ronds) dont 4,000 Européens, 2,000 Sénégalais, 4,000 Malgaches, non compris les effectifs de Diégo (sur ce territoire indépendant au point de vue militaire et administratif, la masse de ravitaillement ne fonctionne que depuis le milieu de 1903), et déduction faite des incomplets et des malades dans les hôpitaux.

La valeur moyenne de chaque ration en nature rendue à destination, c'est-à-dire tous frais de transport compris, étant pour ces trois catégories respectivement de :

2,14 pour les Européens,
0,77 pour les Sénégalais,
et 0,59 pour les Malgaches,

l'État aurait eu à dépenser une somme de 4,550,000 francs environ pour procurer en nature et faire parvenir les vivres réglementaires à l'ensemble des rationnaires du corps d'occupation disséminés dans toute la colonie (non compris Diégo).

A cette somme de........................	4,550,000 fr.
il eût fallu ajouter pour frais généraux et pour frais accessoires :	
1° Pertes et déchets en magasin................	80,000
2° Pertes en cours de transport dans l'intérieur..	70,000
3° Construction et entretien de magasins annexes dans les localités autres que les trois grands centres administratifs (Tananarive, Tamatave et Majunga)...........................	35,000
4° Frais de manutention, salaires de manœuvres indigènes.............................	80,000
5° Frais dans les magasins annexes, menues dépenses..................................	15,000
6° Emballages, achats de sacs, d'instruments de pesée et d'outils de distribution.............	40,000
Soit au total.....	4,870,000 fr.

(Non compris les fourrages) à augmenter encore de la valeur des indemnités de transit (aujourd'hui supprimées) qui étaient en réalité des indemnités de cherté de vivres et qui s'élevaient à	265,000
Les dépenses totales se seraient donc élevées à environ	5,135,000 fr.

En substituant le système de la masse de ravitaillement au mode habituel d'alimentation des troupes généralement adopté dans les autres colonies (distribution directe des vivres en nature par l'administration militaire), les dépenses des vivres se sont élevées à :

1° Indemnités représentatives de vivres pour :	
4,000 Européens, à 2 fr. 29	4,830,000 fr.
2,000 Sénégalais, à 0 fr. 80	
4,000 Malgaches, à 0 fr. 62	
2° Frais généraux et frais accessoires dans trois magasins administratifs (Tananarive, Tamatave, Majunga)	60,000
Soit un total de	4,890,000
qui fait ressortir en faveur du nouveau régime une économie de	245,000 fr.

A cette dernière somme il faut ajouter 126,000 francs environ représentant la part de l'État reversée au Trésor par les masses de ravitaillement. Il convient, en outre, de remarquer que les ordinaires des corps de troupe ont bénéficié d'une égale somme (en 1902, le boni des unités était réparti par parties égales entre ces unités, les fonds communs et l'État) qui a servi à procurer aux militaires un bien-être exceptionnel et qu'enfin une troisième part des bénéfices réalisés a été employée à construire de bons et solides bâtiments servant de magasins de ravitaillement dans les postes de la côte et de l'intérieur, et à constituer dans ces magasins des approvisionnements de vivres dont la valeur, ajoutée à celle du numéraire dans les caisses du fonds commun, dépasse 400,000 francs.

On peut donc estimer le bénéfice total à 770,000 francs, non compris les 126,000 francs employés à améliorer l'ordinaire du soldat.

Par rapport à l'année 1902, les résultats de l'exercice 1903 sont encore plus frappants. On peut estimer à 1,600,000 francs l'économie réalisée et la décomposer comme suit : la dépense pour indemnités de vivres a été inférieure de 750,000 francs à celle de 1902, non pas par suite de la diminution du nombre des indemnités payées, mais en raison du prix de revient moindre de la ration résultant de l'abaissement du prix des transports et d'une meilleure utilisation des ressources locales.

Les masses ont fourni gratuitement des moyens de transport qui auraient occasionné au budget une dépense de 500,000 francs environ.

En outre, l'État a bénéficié du reversement d'une part des bonis qui a été de 175,000 francs, et les ordinaires ont reçu une somme sensiblement égale.

D'ailleurs, ces résultats n'ont pu être obtenus que parce que l'administration tient la main à ce que les ressources en argent, en vivres et en animaux, dont disposent aujourd'hui toutes les masses de ravitaillement reçoivent toujours l'emploi le plus judicieux et le plus conforme aux intérêts de l'État, tout en procurant aux troupes un bien-être inconnu dans les autres colonies.

Pour cela, il faut un contrôle, non pas superficiel et lointain, mais un contrôle détaillé et une minutieuse vérification sur place de toutes les opérations des « fonds communs ».

Il y a été pourvu à Madagascar, et des officiers du commissariat des troupes coloniales, choisis parmi les plus expérimentés, sont chargés dans ce but d'inspections trimestrielles. Munis d'instructions et de pouvoirs suffisants, ils parcourent les diverses régions de l'île et non seulement contrôlent sur place les opérations d'écritures des fonds communs, les existants en caisse et en magasin, mais encore se documentent par tous les moyens à leur disposition sur les éléments qui peuvent servir de base à l'établissement du taux des indemnités représentatives : frais de transport, salaires des manœuvres, mercuriales des marchés dans chaque localité, etc.....

Ils doivent en outre proposer toutes les améliorations qu'ils jugent opportunes au système de l'administration des masses.

D'ailleurs, la lecture des rapports fortement documentés qu'ils ont fourni depuis que ces sortes de missions fonctionnent, a démontré à l'autorité supérieure la nécessité de maintenir et de rendre même aussi fréquentes que possible ces tournées administratives.

Les chiffres cités plus haut montrent l'importance des avantages que les troupes et l'État retirent, chacun de leur côté, du fonctionnement de ce système.

Mais il est un autre facteur, très important aussi, et qu'il ne faut pas négliger. Je veux parler du développement rapide du petit commerce local qui, grâce aux masses, s'est infiltré partout à Madagascar et prouve sa vitalité par la part importante qu'il occupe dans le développement économique de notre colonie, à l'importation et à l'exportation.

Partout, des relations journalières faites de bons offices et de cordialité se sont établies entre les postes militaires et les petits colons; les quelques bénéfices que ceux-ci se sont procurés en participant au ravitaillement des troupes ont facilité leur première installation, leur ont permis de prendre contact avec l'indigène et d'attendre, en somme, dans de bonnes conditions, que des besoins venant à naître fassent fructifier leurs capitaux.

Dans l'ancien système, au contraire, l'administration procédant toujours par grosses fournitures, ignorait forcément le petit commerçant, dont les moyens étaient limités et ne permettaient pas d'exiger des engagements à longs termes, ni de trop importantes livraisons.

Aussi, constate-t-on aujourd'hui l'empressement du commerce local à entrer dans les vues de l'administration et à satisfaire aux commandes tout en se contentant d'un bénéfice raisonnable. On peut ainsi tirer du système de la masse de ravitaillement tous les avantages qu'il peut procurer : meilleure alimentation des hommes, commodités pour se procurer et conserver en tout temps et en tout lieu les vivres et approvisionnements nécessaires, utilisation des produits locaux, encouragement au commerce et à l'agriculture dans chaque région, et enfin notable économie pour le budget de l'État.

II

MASSE DE BARAQUEMENT

Des avantages analogues résultent de l'application du même principe au logement des troupes.

Pendant la longue période de l'insurrection, de nombreux postes furent créés pour les besoins de la pénétration et de l'occupation progressive.

Au fur et à mesure des progrès de notre influence, ces postes durent être déplacés pour être reconstruits plus en avant, suivant les transformations incessantes du mouvement continu qui s'opérait. Leur importance et leur durée étant essentiellement variables et fonction de leur utilité, aucune prévision de longue durée ne fut possible.

Il fallait donc des types d'installations provisoires, mais suffisantes cependant pour abriter les hommes pendant un temps le plus souvent indéterminé.

On ne pouvait, dans ces conditions, et sans de graves inconvénients pour la santé des troupes, utiliser pour leur logement le matériel de mobilisation, ou même des abris trop provisoires créés en quelques heures.

D'autre part, il eût été d'une mauvaise administration, funeste pour les deniers de l'État, d'ériger des constructions définitives, d'autant plus onéreuses qu'elles auraient dû être souvent élevées en pleine brousse, loin de tout centre de ravitaillement et sans voie de communication les reliant économiquement au reste de l'île.

En outre, l'installation à grands frais de postes définitifs aurait pu avoir une influence nuisible sur la mise à exécution du plan d'ensemble, le commandement pouvant quelquefois, dans un but louable d'économie, avoir une tendance à ne pas abandonner certains postes devenus moins utiles et hésiter à les transporter en d'autres points, cependant préférables au point de vue militaire.

D'ailleurs, les services techniques, artillerie coloniale et génie, auraient été numériquement insuffisants s'il leur avait fallu construire, en un laps de temps aussi court, des postes définitifs sur tous les points du territoire où ils étaient reconnus nécessaires, alors que tout leur personnel et leurs moyens d'action étaient absorbés et au delà par la construction, reconnue indispensable, d'une route définitive reliant la capitale à la côte, et par les constructions des grands centres de garnison.

D'autre part, les résultats que j'avais obtenus au Tonkin dans le 2e territoire militaire en employant aux constructions la main-d'œuvre militaire des unités sous les ordres de leurs chefs hiérarchiques ne pouvaient que m'encourager à créer une organisation analogue, toujours d'après le principe des masses collectives.

Le système mis en vigueur après quelques essais préalables est le suivant:

Le conseil d'administration de chaque corps perçoit, suivant les mêmes règles administratives que pour la solde et les indemnités de la masse de ravitaillement, une allocation fixée par journée de présence (par homme et par animal). Cette allocation constitue l'indemnité journalière de *masse de baraquement*.

Les fonds alimentés par cette indemnité ont pour objet de subvenir :

1° A la construction, à l'aménagement intérieur, aux réparations et à l'entretien par les corps des bâtiments ayant un caractère d'installation provisoire, c'est-à-dire construits seulement pour donner aux troupes l'abri indispensable ;

2° Aux menues réparations et à l'entretien des bâtiments construits ou loués par les services techniques (Artillerie coloniale ou Génie) et mis à la disposition des troupes comme casernements définitifs ;

3° A la construction dans certains centres, où les services techniques ne sont pas représentés, de bâtiments définitifs signalés comme nécessaires par les Commandants de cercle ou les Commandants des troupes et pour lesquels aucune prévision spéciale n'a été inscrite au budget;

4° A l'installation des écuries;

5° A l'ameublement réglementaire des casernements et des postes.

Ces fonds sont répartis trimestriellement par les soins du conseil d'administration du corps entre ses divers détachements, au prorata des effectifs, et adressés aux Commandants de cercle et Commandants de troupes en provinces civiles sur les territoires desquels ces détachements tiennent garnison.

Des sommes que cet officier reçoit à ce titre, il est fait deux parts :

Deux tiers sont répartis entre les postes de sa circonscription au prorata de leur effectif pour former les *masses de baraquement des postes* que les chefs de poste emploient selon les instructions du commandant du cercle ou du commandant des troupes de la province.

Le dernier tiers reste entre les mains du commandant territorial pour former le *fonds commun* du cercle ou de la province.

De ce « fonds commun », il dispose à son gré, tout en restant dans la limite des dépenses autorisées dont il a été parlé plus haut. Il peut notamment accorder un secours à la masse de baraquement d'un poste qui se trouverait, soit de par la faiblesse numérique de son effectif, soit par suite d'événements forfuits tels qu'un cyclone, trop lourdement obéré.

Une comptabilité très simple permet au service du contrôle de suivre de très près l'exécution d'écritures des opérations précédentes.

L'organisation qui vient d'être décrite a permis, depuis 1896, de construire à Madagascar plus de 300 postes ou bâtiments divers qui, pendant leur période d'utilisation et de durée, ont très largement répondu aux multiples besoins de l'installation des troupes. Une centaine de ces postes sont encore occupés aujourd'hui dans les régions du nord-ouest, de l'ouest et du sud.

Les avantages résultant de l'application de ce système sont

ceux qui ont été déjà indiqués ci-dessus dans l'étude de la masse de ravitaillement.

D'abord et avant tout, c'est le bien-être du soldat.

Chaque chef de poste de Madagascar a pu avoir ainsi à sa disposition immédiate les moyens matériels de parer aux premiers besoins de l'installation de ses hommes.

D'autre part, ceux-ci, qui étaient les principaux intéressés, ont rivalisé d'émulation pour une œuvre qui devenait la leur.

En dehors de l'amélioration matérielle de leur habitat, ils ont bénéficié aussi du moral supérieur que cause tout changement à la monotonie de la vie de poste, et, c'est ainsi qu'entre deux opérations militaires, ils reprenaient avec plaisir leurs fonctions de surveillants de travaux.

D'autre part, en dérivant vers le travail la turbulence des indigènes on les préparait à la mise en valeur du pays et, à ce point de vue, cette organisation fut excellente.

Mais l'application de ce système aboutit encore à un résultat imprévu et très important.

Au lieu d'adopter en principe les grandes constructions militaires ordinaires, c'est-à-dire les casernes, trop difficiles à édifier avec les moyens sommaires dont ils disposent généralement, les chefs de poste choisirent un type de petite maison se rapprochant de la case indigène locale, mais en tenant compte des principes généraux de l'hygiène et des besoins locaux du service.

Les tirailleurs sénégalais et malgaches furent autorisés à vivre en famille avec leurs femmes et leurs enfants, et, dans nombre de postes, l'autorité militaire toléra des ménages analogues pour les troupes européennes.

La morale y perdit un peu. Le moral et la santé du soldat y gagnèrent beaucoup. Ce fut d'abord le seul palliatif réel à la propagation de certaines maladies, ennemies naturelles des garnisons. Ce fut ensuite la communauté de vie, qui engendra entre adversaires de la veille devenus parents par alliance, la fraternité des goûts et des instincts. Ce fut encore, chez les Sénégalais spécialement, l'oubli de la patrie absente, la vraie colonisation en un mot.

Le vaincu d'hier oublia vite la dure époque de la conquête devant la douce quiétude de la paix définitive. Les Sabines encore une fois réconcilièrent les deux camps. Enfin, les postes, comme autrefois les colonies militaires romaines, firent le *colon militaire.*

Le Sénégalais, craint d'abord du Malgache que terrifiait sa bravoure et aussi, il faut bien le dire, sa brutalité naturelle, adoucit ses mœurs au contact de la femme indigène et cessa de se considérer comme un maître absolu.

L'empire que la Malgache prit sur lui se joignit à la discipline pour fondre les deux races ; et aujourd'hui nombre de Sénégalais libérés sont fixés à Madagascar sans esprit de retour dans leur pays d'origine et constituent ainsi, pour notre influence, de puissants intermédiaires en même temps que des agents de renseignements précieux.

Quant aux Européens, quelques-uns, dans le nombre, enfants trouvés des grandes villes, ont appris ainsi pour la première fois ce que c'était que la famille et ont goûté les joies des liens naturels du sang. Après quatre ou cinq années et quelquefois plus, qu'ils ont demandé à faire, à la fin de leur séjour réglementaire, ils s'installent avec leur femme indigène et leurs enfants reconnus, commencent avec leurs modiques ressources, fruit de leurs économies, une vie modeste de colon, et, soutenus et guidés par leurs anciens chefs, s'efforcent bravement de faire vivre leur nouvelle famille.

Un des autres avantages de la masse de baraquement est que, par ce moyen, l'État, utilisant mieux ses ressources sans grever lourdement son budget, a pu, en un laps de temps fort court, et grâce à l'utilisation économique de la main-d'œuvre militaire, édifier dans les principales agglomérations les bâtiments les plus indispensables : casernes, hôpitaux, etc., dont autrement la construction aurait dû être, par raison budgétaire, répartie sur un grand nombre d'exercices.

Le commerce local, lui aussi, mis à contribution pour toutes les fournitures que nécessitent les constructions, bois de charpente, ferrures, etc., trouva aussi son avantage dans le nouveau système et ressentit les heureux effets de la nouvelle réglementation.

Ces dispositions ont eu enfin ce résultat, qui prime peut-être tous les autres, de produire sur la population de l'île un effet moral considérable ; les belles et durables constructions qui s'élèvent aujourd'hui dans nombre de régions et sur des points stratégiques judicieusement choisis, sont des signes palpables de notre puissance, de notre confiance en l'avenir et du caractère définitif de notre occupation. Cette affirmation nette de notre souveraineté a découragé rapidement les chefs indigènes qui pouvaient avoir encore des velléités de résistance; ils se sont soumis par nécessité d'abord, puis, cette soumission s'est transformée elle-même en fidélité et en dévouement.

Enfin, les Malgaches ont pris modèle sur les constructions qu'ils nous voyaient élever autour d'eux et c'est ainsi qu'en bien des points de l'île, des villages propres et coquets se sont substitués peu à peu aux misérables agglomérations de huttes qu'on y rencontrait autrefois.

Aux considérations qui précèdent sur les installations créées au moyen des ressources de la masse de baraquement, je crois utile aussi, d'après l'expérience faite tant à Madagascar que dans d'autres colonies, d'indiquer ici diverses précautions à prendre ou améliorations à adopter dans la construction des casernes définitives des grands centres de garnison.

Choix de l'emplacement. — Dans l'habitation du soldat colonial, il faut avant tout rechercher de bonnes conditions générales d'hygiène, qui seront réalisées en installant, autant que possible les troupes européennes sur les plateaux de l'intérieur. C'est la solution dont on a cherché à se rapprocher à Madagascar en concentrant de préférence les troupes européennes dans les hautes régions de l'Emyrne et du Betsiléo et en campant à la Montagne d'Ambre, par 950 mètres d'altitude, la plus grande partie de la garnison blanche de Diégo-Suarez.

Logement des hommes. — Les types des bâtiments à adopter doivent être déterminés non seulement par des conditions d'hygiène, mais aussi par cette considération que le soldat colonial étant un professionnel, on doit chercher à lui créer un intérieur agréable et à lui éviter, dans la mesure du possible, une communauté de vie dont on se lasse vite à partir d'un certain âge, et qui ne tarde pas à devenir, pour qui veut s'isoler et se ressaisir, une obsession et une importunité de tous les instants.

Il faut donc, toutes les fois qu'on le peut, renoncer aux chambrées populeuses et grouper les hommes par chambres de quatre ou six ayant une superficie de 40 à 50 mètres carrés et une hauteur d'au moins 3m,50.

Le mobilier mis à la disposition de chaque soldat doit comprendre au minimum un lit à sommier métallique, muni d'une moustiquaire et d'un matelas de crin, des crochets pour suspendre les armes et une petite armoire fermant à clef pour les effets personnels. Il faut ajouter à ce mobilier un tapis de pied pour éviter les refroidissements ; enfin, chaque chambre doit être pourvue d'une table et de chaises.

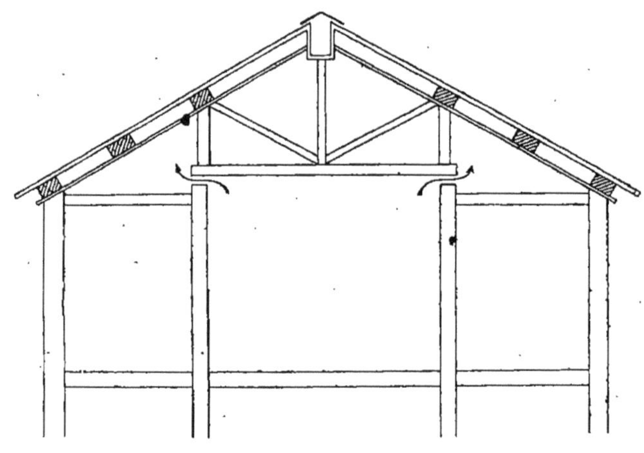

Les chambres de quatre ou six seront groupées à l'étage de pavillons séparés qui, dans aucun cas, ne devront comprendre un effectif supérieur à une demi-compagnie et où les sous-officiers occuperont chacun une chambre particulière.

Les rez-de-chaussée devront être surélevés et uniquement affectés aux bureaux, salles de jeux, bibliothèques, ateliers de maîtres-ouvriers, magasins de matières non putrescibles, tels que les magasins d'habillement. Des vérandas seront établies sur tout le pourtour de l'habitation avec une largeur minima de trois mètres dans la région côtière et de deux mètres sur les hauts plateaux.

Les matériaux de construction varieront avec le pays, mais on devra éviter les bois, trop aisément attaqués par les insectes. Les murs seront en briques ou en moellons et suffisamment épais pour ne pas s'échauffer trop vite pendant le jour et se refroidir pendant la nuit.

Contrairement à une opinion généralement admise, la tôle ondulée pourra être employée pour les couvertures, même dans les régions côtières, mais sous la condition expresse que, fût-elle doublée ou renforcée par des voliges ou de toute autre façon, elle restera toujours distincte du plafond des pièces et en sera séparée par un faux grenier contenant un vaste matelas d'air interposé. En outre, on devra percer les murs verticaux d'évents, et la toiture en tôle, de cheminées pratiquées de distance en distance.

La figure ci-contre indique cette disposition qui permet un constant appel d'air entretenant la fraîcheur à l'intérieur du bâtiment.

Latrines de nuit. — Pour éviter que les hommes soient obligés de sortir la nuit, surtout pendant la saison des pluies, chaque pavillon doit comprendre des latrines de nuit, placées, autant que possible, en dehors du bâtiment et reliées à celui-ci par un passage couvert. Ces latrines ne sont utilisées qu'entre l'extinction des feux et le réveil.

Douches. — Lavabos. — Piscines. — L'eau froide est le moyen le plus puissant dont dispose l'hygiène pour lutter contre les influences morbides du climat tropical. La douche permet, quand elle est employée convenablement, de lutter contre l'anémie; elle est le complément indispensable de toute installation coloniale.

Les lavabos et les douches seront placés à proximité du bâtiment d'habitation, non pas dans ce bâtiment lui-même où ils seraient une cause d'humidité, mais dans un local voisin relié au pavillon par un passage couvert. La salle de douches sera précédée d'un vestiaire; il y sera annexé une chaufferie, complément indispensable pour les périodes froides de l'année.

Enfin, indépendamment de cette installation, il est bon de prévoir la construction d'une piscine.

Réfectoires. — Cuisines. — Magasins aux ordinaires. — On évitera d'installer les réfectoires au rez-de-chaussée des bâtiments d'habitation. Par eux-mêmes et par la proximité des cuisines, ils peuvent constituer un foyer d'émanations désagréables. On construira donc pour cet usage des bâtiments simples, très aérés, suffisamment éloignés des locaux d'habitation et placés, par rapport à ces locaux, du côté opposé aux vents régnants.

Les cuisines, voisines des réfectoires, seront reliées à ceux-ci par des passages couverts, dont on appréciera l'utilité pour la protection contre le soleil et les pluies.

A côté des cuisines, on construira le magasin aux ordinaires, petit bâtiment à rez-de-chaussée surélevé en forme de hangar clos, bétonné et bien aéré.

Mess des sous-officiers. — Au milieu d'un enclos spécial et cultivé en jardin, on installera dans un petit bâtiment surélevé de $0^{m},80$ et entouré d'une véranda, le mess des sous-officiers qui comprendra : un office, une ou deux salles à manger (une pour les sergents, une pour les sergents-majors et adjudants), et une salle de lecture et de conversation. Le mess des sous-officiers aura sa cuisine spéciale, reliée à la salle à manger par un passage couvert.

Locaux accessoires. — Les latrines, lavoirs, corps de garde, locaux disciplinaires, écuries, doivent répondre à des conditions qui sont trop connues pour qu'il soit nécessaire d'insister sur ce point d'une façon particulière.

Village des domestiques indigènes. — Il convient d'éviter au soldat colonial des fatigues inutiles. Un certain nombre d'indigènes seront attachés au casernement pour faire les grosses corvées, aider à la cuisine, servir à table, etc. Ces indigènes seront logés dans un village spécial édifié à proximité du terrain militaire et en dehors de l'enclos.

Cours et jardins. — Tout le terrain militaire sera parfaitement réglé et pourvu de caniveaux et d'un égout au moins pour assurer l'écoulement des eaux. La première condition à remplir pour un logement colonial est de ne pas être humide.

Des allées d'arbres donneront de l'ombre et de la fraîcheur; certaines essences, comme le bambou et l'eucalyptus, peuvent concourir à l'assèchement du terrain. Il convient toutefois de les tenir à une certaine distance des bâtiments pour ne pas gêner l'aération des habitations et éviter d'attirer les insectes.

Le terrain attenant au logement comprendra, pour les rassemblements, revues, etc., une cour dont les dimensions varieront avec l'effectif; le reste sera converti en parc ; des pelouses gazonnées pourraient servir à des jeux en plein air, gymnase, foot-ball, jeu de boules, etc.

L'organisation que nous venons de décrire s'écarte considérablement de celle des casernements de France.

Il y a lieu cependant de la réclamer avec insistance, car elle se justifie, d'un côté par la distinction qu'imposent les questions d'âge, d'ancienneté et de nature de services, entre l'armée métropolitaine et l'armée coloniale, de l'autre, par les différences profondes entre le climat de la France et celui de la plupart de nos possessions lointaines.

Ces mêmes raisons obligent à donner au soldat colonial un mode de vie spécial, tout différent de celui du soldat métropolitain.

L'ennui est l'ennemi le plus redoutable du soldat aux colonies; il faut le combattre et s'attaquer pour cela à l'oisiveté qui le crée. Or, le soldat colonial est, par définition, un soldat instruit; on ne peut donc songer à le soumettre aux mêmes manœuvres et aux mêmes exercices que les conscrits de la métropole; le résultat serait de l'éloigner rapidement de son métier. On lui imposera deux ou trois fois par semaine, par exemple, quand le temps s'y prêtera, quelques exercices en terrains variés; ces sorties seront suffisantes pour entretenir ses qualités militaires sans le rebuter.

On s'efforcera, d'autre part, d'occuper utilement les nombreux loisirs qui restent aux hommes. Quelques conférences faites par leurs camarades ou leurs officiers sur des sujets capables de les intéresser, comme l'histoire de la conquête ou des mœurs de la colonie qu'ils habitent, les distrairont si elles ne sont pas souvent répétées. Les logements tels qu'ils sont décrits ci-dessus, contiennent une bibliothèque, une salle de lecture, une salle de jeux et de conversation où les hommes pourraient encore occuper quelques heures de leur journée. Enfin, on admettra que, directement intéressés à conserver une habitation agréable, ils seront chargés en principe de son entretien. En dehors des heures chaudes du jour, ils seront employés à soigner les pelouses, les allées; les ouvriers d'art, s'il s'en trouve, feront les réparations ordinaires du casernement.

Un jardin potager aurait à la fois l'avantage de fournir la troupe de légumes frais et d'occuper encore un certain nombre d'hommes. Des dispositions seront prises pour y faire l'épandage des eaux grasses et augmenter ainsi la fertilité du sol.

Enfin, on accordera aux hommes toutes les distractions compatibles avec la bonne marche du service.

Un croquis faisant suite à la présente étude indique, d'après ce qui précède, une disposition susceptible d'être adoptée pour le casernement d'une compagnie isolée aux colonies.

III

HABILLEMENT

Un examen, même sommaire, des mesures prises dans ces dernières années par plusieurs grandes puissances pour l'habillement de leurs troupes montre qu'il est indispensable d'apporter certaines modifications à la tenue actuelle de notre soldat colonial, si l'on veut le placer dans les conditions générales équivalentes à celles que pourrait présenter l'adversaire.

Les péripéties de la dernière guerre Sud-Africaine ont été à cet égard fécondes en enseignements. Elles ont montré notamment que des deux côtés on a fait assez bon marché de la question d'aspect et de forme militaires et qu'on a demandé surtout à l'habillement, à l'équipement et à l'armement d'être commodes, pratiques, appropriés en un mot aux conditions de la guerre coloniale.

Les principaux *desiderata* qui se sont ainsi trouvés mis en relief se résument aux points suivants :

1° Rendre moins voyantes et plus pratiques les différentes parties de l'habillement, de l'équipement et de l'armement;

2° Alléger le soldat;

3° Augmenter le nombre des cartouches qu'il porte sur lui.

Les emplacements qu'occupent les troupes et les mouvements qu'elles exécutent sur le champ de bataille moderne n'étant plus révélés aujourd'hui par la fumée de la poudre, la visibilité des différentes parties de l'habillement et de l'équipement intervient seule pour fixer la position de l'adversaire. On doit donc chercher à diminuer autant que possible cette visibilité, dans le but de rendre plus difficiles les reconnaissances de l'ennemi et de se soustraire plus facilement à ses coups. Très souvent, l'avantage de la poudre sans fumée sera perdu, si le combattant est armé, habillé et équipé de pièces trop voyantes. Si accidenté que soit le terrain, une troupe qui combat et qui par conséquent se déplace, ne peut pas rester constamment défilée; il faut donc, indépendamment de l'avantage qu'elle trouve dans la poudre sans fumée, que sa silhouette générale n'apparaisse pas et pour cela que la couleur des vêtements du soldat se confonde le plus possible avec celle du terrain environnant.

Les récentes expériences de MM. Gérard et Devismes ont montré que les couleurs les plus voyantes sont le blanc, le bleu de roi et le rouge, et que les moins apparentes sont le gris et le brun feuille-morte. Le gris paraît être la meilleure couleur puisque, même par un temps clair et à toute heure du jour, il a présenté le minimum de visibilité. Le brun feuille-morte est également une excellente teinte, presque aussi peu visible que le gris et ayant l'avantage d'être moins salissante.

Depuis le mois de février 1901, de nouveaux uniformes d'infanterie, d'une teinte dite de *protection*, sont en essai en Allemagne et notamment à l'École de tir de Spandau. Ces uniformes comportent une tunique, un pantalon et un bonnet de police en drap gris brun, un casque recouvert d'étoffe de même couleur, un ceinturon de cuir brun se fermant par une boucle en métal noirci.

Outre la nécessité de diminuer la visibilité des troupes, la guerre du Transvaal a fait ressortir celle d'alléger le chargement du soldat. D'ailleurs, cet allégement étant aujourd'hui reconnu indispensable en vue de la guerre européenne, il est évident qu'il s'impose *a fortiori* aux colonies. Pour pouvoir supporter un climat plus pénible et plus anémiant que celui de l'Europe, il faut que le soldat soit très peu chargé. A Madagascar surtout, il est nécessaire de réduire au minimum le poids qu'il porte, parce qu'en dehors du climat, qui présente d'ailleurs des sautes brusques pour des régions souvent très voisines, on se trouve aussi en présence de terrains accidentés, montagneux, où les marches sont difficiles et fatigantes.

L'expérience a démontré que la première suppression à faire est celle du havresac. Les avis sont unanimes sur ce point et il est admis aujourd'hui qu'en dehors des effets qui l'habillent, le soldat colonial ne doit porter que ses armes, ses munitions, un outil léger et un repas froid.

Cette réduction du chargement n'entraîne aucun inconvénient; aux colonies, en effet, les colonnes sont presque toujours à faibles effectifs et, dans ces conditions, leur peu de longueur et leur faible durée d'écoulement permettront, en règle générale, aux trains régimentaires de rejoindre la troupe deux ou trois heures au plus tard après son arrivée au gîte. Rien ne s'oppose donc à ce que l'homme laisse au train régimentaire son campement et ses vêtements de rechange.

On obtiendrait le maximum d'allégement en se bornant au nombre de cartouches que porte actuellement l'homme; mais si, en Europe, on s'efforce avec raison d'augmenter ce nombre par tous les moyens possibles, il y a bien plus de raison encore d'entrer dans cette voie aux colonies où, par suite de la nature du pays, le ravitaillement de la ligne de combat sera toujours très difficile. Une étude spéciale de la question faite à Madagascar a montré qu'en tenant compte du pays et des conditions de la mobilisation et de la guerre, il y aurait lieu de porter l'approvisionnement à 280 cartouches portées par l'homme; on verra plus loin le dispositif proposé à cet effet.

Notre armement actuel comporte également quelques modifications. Au lendemain de la campagne de 1892, au Dahomey, le général Dodds avait signalé notamment certains inconvénients de l'épée-baïonnette actuelle. Son principal défaut est d'être trop longue; elle s'accroche constamment dans les traversées de brousse, et arrive à se fausser très rapidement. Enfin, malgré tout le soin et toutes les précautions prises par les hommes, elle produit un cliquetis qui peut être entendu à une certaine distance. En somme, elle est une gêne constante pour le soldat, notamment dans la position du tireur à genou. Il faut donc modifier cette partie de l'armement en l'allégeant, en l'adaptant mieux à l'équipement et enfin en évitant le cliquetis qui peut dénoncer à distance l'approche de la troupe.

Les données du problème à résoudre étant déterminées par les considérations qui précèdent, le directeur des services administratifs du corps d'occupation et les divers chefs de corps de Madagascar ont été invités à faire une étude des modifications à apporter aux diverses parties de l'habillement, de l'équipement et de l'armement, pour réaliser les *desiderata* cherchés. Des propositions très variées et très intéressantes ont été aussi formulées par des officiers, sous-officiers, maîtres-ouvriers et employés techniques appartenant au commissariat des colonies ou aux corps de troupe. Après avoir examiné les nombreux modèles qui m'ont été présentés, j'ai arrêté un premier choix sur une collection d'effets et objets d'habillement et d'équipement dont dix exemplaires ont été fabriqués immédiatement et mis en essai au 13e régiment d'infanterie coloniale et aux batteries de Tananarive. Cet ensemble comprenait les effets et objets ci-après :

Infanterie.

(TROUPES EUROPÉENNES.)

Équipement. — Un sac-musette en toile brune destiné à remplacer le havresac et se portant sur le dos. Trois cartouchières en cuir fauve, dont deux portées devant (contenant chacune huit paquets de cartouches) et une derrière (contenant quatorze paquets de cartouches). Ces cartouchières sont portées au moyen de bretelles de suspension d'un modèle approprié. — Un ceinturon. — Une bandoulière pour cartouches à quarante alvéoles. (On réalise ainsi l'approvisionnement de 280 cartouches, savoir : 30 paquets de huit répartis dans les trois cartouchières et 40 cartouches en bandoulière.)

Chaussure. — Brodequins ordinaires, mais non cirés, chaussure de repos avec empeigne en toile. — Jambières en cuir fauve se fixant à l'aide de boucles et de contre-sanglons.

Armement. — Pour remplacer l'épée-baïonnette, il a été présenté divers modèles de couteau-poignard, qui d'ailleurs comporteraient tous certaines modifications avant une adoption définitive.

Les expériences ont montré que les *desiderata* ci-après sont à réaliser. L'arme remplaçant l'épée-baïonnette sera de préférence un couteau-poignard conditionné de telle façon que, adapté au bout du canon, il puisse, comme l'épée-baïonnette, servir d'arme de jet. On ne lui demanderait pas, comme la proposition en a été faite plusieurs fois, de pouvoir, en outre, être utilisé comme couteau de poche. La destination de l'arme étant ainsi bien précisée, le modèle adopté devrait répondre aux conditions générales suivantes : lame solide d'environ 0m,18 de longueur, forte poignée bien en main. Le couteau-poignard se fixerait au bout du canon, placé au-dessous de celui-ci et dans le plan de tir. Le soldat le porterait dans un étui de cuir suspendu au ceinturon sur le côté gauche, comme l'épée-baïonnette actuelle.

On a expérimenté aussi une bretelle de fusil en cuir fauve, formée de deux pièces et analogue à la bretelle courante des fusils de chasse.

Habillement. — Les expériences ont amené à conclure que la tenue du soldat d'infanterie européenne à Madagascar doit comprendre :

Une tenue kaki ;
Une tenue de drap ;
Un collet à capuchon en caoutchouc ou tissu caoutchouté ;
Une ceinture de laine.

La tenue blanche peut disparaître sans inconvénient ; elle ne répond à aucune nécessité pratique ; en outre, elle est très salissante et exige, pour son entretien, des soins constants et des lavages très fréquents qui l'usent beaucoup plus rapidement que les autres effets. Enfin, la suppression de cette tenue simplifierait la constitution des approvisionnements.

Les expériences du 13e régiment d'infanterie coloniale ont porté sur les effets d'habillement énumérés ci-dessus, soit que des types nouveaux aient été présentés, soit qu'on ait simplement proposé des modifications aux types actuellement réglementaires.

Pour la tenue de drap, comme pour la tenue kaki, on a proposé de remplacer la couleur actuelle trop voyante par une nuance brun feuille morte.

Par contre, il n'a pas paru nécessaire, comme on l'a fait en Allemagne, pour les uniformes expérimentés à l'École de Spandau, de remplacer les boutons métalliques par des boutons noirs. Astiqué en temps de paix, le bouton métallique rehausse la tenue; l'astiquage étant supprimé en temps de guerre, il se ternit vite et cesse d'être visible, comme l'ont démontré nettement les expériences faites à Tananarive.

La capote et le collet à capuchon en drap du modèle actuellement réglementaire sont des vêtements trop chauds et trop lourds; lorsqu'ils sont mouillés surtout, ils atteignent un poids considérable. Cette question semble pouvoir être réglée par les considérations suivantes :

Aux colonies, la vareuse et le pantalon de drap ou de flanelle suffisent à l'homme pour se garantir du froid pendant le jour; pendant la nuit, il est de même suffisamment préservé par l'adjonction du couvre-pied aux effets ci-dessus.

La protection contre le froid étant ainsi assurée, il reste à garantir l'homme contre la pluie. Une pèlerine ou un collet à capuchon en caoutchouc ou en tissu caoutchouté léger remplira très bien ce but.

Lorsqu'on n'aura pas à craindre de pluie pour la marche du jour (comme par exemple pendant la saison sèche en Émyrne et sur la côte ouest), la pèlerine sera empaquetée dans le ballot du train régimentaire. Si la pluie est à craindre, l'homme emportera sa pèlerine roulée sur son sac-musette. Bien entendu, la couleur brun feuille morte sera également adoptée pour cet effet.

La ceinture de laine est depuis longtemps réglementaire pour les troupes d'Algérie, mais, par une anomalie bizarre, l'armée coloniale est moins bien partagée et ne la possède que pour ses troupes indigènes. Il est indispensable de réparer cet oubli. D'ailleurs, la ceinture ne sera pas portée en permanence, mais seulement dans les circonstances où la température l'exigera.

Le soldat européen aux colonies doit avoir deux coiffures; le casque colonial et le béret, ou mieux, un bonnet de police très léger.

La cause du casque n'est plus à plaider et la longue expérience dont cette coiffure a été l'objet a démontré qu'elle est la seule protégeant efficacement contre le soleil dans les pays chauds.

On a préconisé le feutre, dont les Allemands et une partie de la cavalerie anglaise font usage. En réalité, cette coiffure pourrait être avantageusement employée en Émyrne, et au Betsiléo, mais dans les autres régions de Madagascar, et aussi dans nos autres colonies, le casque est la seule coiffure admissible.

Le feutre est en effet aussi lourd que le casque, il garantit moins efficacement du soleil, est beaucoup plus chaud à la tête, et, dès qu'il est mouillé, son poids augmente au point de le rendre intolérable.

Le casque en liège, en aloès ou en moelle de sureau ne présente aucun de ces défauts. C'est la coiffure qui préserve le mieux du soleil, la véritable coiffure coloniale. Nous avons le casque, gardons-le!

Il faut reconnaître, toutefois, que la forme réglementaire du casque n'est pas sans présenter certaines imperfections. Elle ne permet pas, notamment, le tir couché dans la position normale. Le tireur ne peut épauler et viser qu'en plaçant son casque « en bataille », ce qui revient en somme à faire un mouvement de plus et à se priver pendant la durée du tir de la protection des visières.

Or, les conditions actuelles de la guerre devant rendre le tir couché de plus en plus fréquent, il y a là un défaut d'appropriation auquel il importe de remédier.

Des expériences, pour lesquelles le champ reste ouvert, ont été faites dans ce sens à Madagascar. Elles ont porté surtout sur deux dispositifs. Dans l'un, les visières sont relevées jusqu'à l'horizontale; ce dispositif donne satisfaction à tous points de vue, mais offre l'inconvénient de protéger un peu moins du soleil et d'être d'un modèle plus encombrant que le type réglementaire. L'autre solution conserve la forme actuelle, mais, grâce à un procédé particulier, emploi de ressorts ou de substances élastiques dont l'agencement resterait à déterminer par les spécialistes, la partie arrière du casque, au lieu de faire un tout rigide avec le reste formerait une sorte de visière mobile pouvant à volonté de soulever ou s'abaisser et, par suite, se prêtant à l'exécution facile du tir couché.

On a reproché au casque de mal résister à la pluie et à l'humidité, et c'est là l'une des objections qui ont été faites à son adoption pour l'armée métropolitaine. Il convient de remarquer à ce sujet qu'il tombe en moyenne plus de 3 mètres d'eau par an à Tamatave, trois fois plus par conséquent que dans la région la plus pluvieuse de France, que l'humidité relative de l'air y atteint 85 p. 100 et cependant, la crainte exprimée pour la France, que les casques soient « réduits en bouillie », ne s'y est jamais réalisée.

D'ailleurs, il convient de mentionner à ce sujet un procédé fréquemment employé et qui consiste à appliquer deux couches de blanc de céruse sur la superficie extérieure du casque. Ainsi peint, et en supprimant, ou, tout au moins, en réduisant l'écartement de la coiffe, le casque pourrait très bien convenir à l'armée métropolitaine. En garnison, le casque n'étant pas recouvert de coiffe kaki ou cachou, ce procédé offre encore l'avantage de le rendre plus propre et moins chaud.

Campement. — Remplacement du petit bidon et du quart actuel par des objets d'un modèle analogue, mais en aluminium (sous réserve toutefois de s'assurer par de nouvelles expériences de la résistance de ce métal produit industriellement). Faire porter le petit bidon à la ceinture ou, tout au moins, adapter, à la banderolle un porte-mousqueton qui permette de le détacher facilement. Le soldat pourra ainsi utiliser son petit bidon sans être obligé d'enlever tout son équipement.

Pour compenser la suppression du havresac, la direction des services administratifs à Tananarive a étudié aussi un modèle de sac-valise, ayant les dimensions voulues pour contenir tous les effets emportés par l'homme au départ de France. Ce sac-valise serait également utilisé en campagne, pour renfermer les effets portés par le train régimentaire, l'homme ne devant avoir sur lui, comme on l'a déjà dit, que ses armes, ses munitions, et un sac-musette avec un repas froid.

Troupes indigènes.

(TIRAILLEURS MALGACHES ET SÉNÉGALAIS.)

Les modifications et remplacements ci-dessus indiqués ne visent que les troupes blanches d'Infanterie coloniale. Mais il va de soi que des considérations analogues s'appliquent à la nécessité de donner au soldat indigène un habillement et un équipement plus pratiques et moins voyants, d'augmenter le nombre de cartouches qu'il porte sur lui et de modifier l'épée-baïonnette actuelle dont il est également pourvu.

D'après cela, les principales propositions faites concernant les troupes indigènes, tirailleurs malgaches et tirailleurs sénégalais, peuvent se résumer ainsi :

Habillement. — L'habillement des uns et des autres comprendrait :

1° Une tenue kaki du modèle actuel, mais dans laquelle les culottes qui sont trop étriquées, auraient plus d'ampleur. Les bandes molletières en usage chez les tirailleurs malgaches devront être également de couleur kaki ;

2° Une tenue de drap du modèle actuel, mais de couleur brun feuille morte;

3° Un collet à capuchon en caoutchouc ou tissu caoutchouté du même modèle que celui des Européens;

4° Une ceinture de laine du modèle actuel, mais d'une couleur brune, de même nuance que l'habillement.

La chéchia actuelle serait conservée mais on lui donnerait également la couleur brun feuille morte.

Les indigènes auront le même équipement que les troupes européennes en ce qui concerne le ceinturon et les cartouchières. Par contre, les considérations relatives à l'allégement de la charge totale n'ayant pas la même valeur pour le soldat indigène que pour l'Européen, on doit admettre qu'en campagne, le tirailleur malgache ou sénégalais continuera à porter lui-même ses effets de rechange. Il roule ses effets et objets divers dans la toile de tente et forme ainsi un paquet maintenu sur le dos par des bretelles. La toile de tente étant en tissu imperméabilisé, le contenu du paquet est à l'abri de la pluie et le havresac se trouve ainsi inutile, ce qui supprime un poids mort de 2 kilogr. environ.

Pour l'armement et le campement, on a envisagé les mêmes modifications que pour les troupes européennes, concernant l'épée-baïonnette, la bretelle du fusil et l'adoption d'un petit bidon et d'un quart en aluminium.

Artillerie.

Les troupes d'artillerie n'étant appelées qu'exceptionnellement à faire usage de leurs armes portatives, il n'est pas nécessaire d'augmenter leur nombre de cartouches de mousqueton ou de revolver. Pour la même raison, la forme actuelle du casque colonial, pourrait, sans inconvénient, être conservée dans l'artillerie, mais il y aura intérêt néanmoins, afin de ne pas compliquer les approvisionnements, à adopter la même coiffure pour les deux armes.

Les seules modifications intéressantes envisagées pour l'artillerie se résument à ce qui suit :

Les européens recevraient :

1° Une tenue kaki du modèle actuel;

2° Une tenue de drap, sans modifications, quant à la forme, mais pour laquelle la couleur actuelle serait remplacée par le brun feuille morte. Enfin, il serait avantageux, dans le but de simplifier les approvisionnements, de donner à l'artillerie la vareuse à deux rangs de boutons comme à l'infanterie.

Pour le ceinturon, le bonnet de police, le collet à capuchon en caoutchouc ou tissu caoutchouté, les chaussures de fatigue et de repos, les propositions ont été les mêmes que pour l'infanterie. Il a paru, en outre, indispensable de donner aux conducteurs la culotte avec une jambière plus haute que celle de l'infanterie, analogue à celle aujourd'hui réglementaire pour les troupes à cheval métropolitaines.

Les hommes à pied auraient seuls droit à la chaussure de repos.

Le sabre-baïonnette et la bretelle de mousqueton recevraient les mêmes modifications que celles déjà indiquées pour l'épée-baïonnette et la bretelle du fusil d'infanterie.

Enfin, l'habillement et l'armement des canonniers indigènes subiraient les mêmes transformations que celles déjà indiquées pour les tirailleurs, en ce qui concerne la couleur des vêtements, de la chéchia et de la ceinture, l'épée-baïonnette et la bretelle de suspension.

En dehors des modifications ci-dessus, il est indispensable de transformer aussi la réglementation du service de l'habillement et, comme on en a déjà fait l'essai pour le logement et l'alimentation, de la rendre assez asouple et assez simple pour pouvoir répondre à tous les cas, sans soulever jamais de difficultés d'application.

Le régime actuellement en vigueur présente toutes sortes d'inconvénients, dont le plus grave est certainement sa complexité. Il existe presque autant de règles que de corps différents et c'est ainsi que le service de l'habillement est assuré de façons diverses suivant qu'il s'agit d'Européens, de Malgaches ou de Sénégalais.

Dans les troupes coloniales blanches, l'habillement est délivré gratuitement pour des durées déterminées, à l'issue desquelles il est officiellement et obligatoirement déclaré hors de service, quel que soit d'ailleurs son état réel ; le grand équipement est délivré à titre gratuit et sans conditions de durée ; le petit équipement est acheté par les corps sur les fonds de la masse individuelle, et distribué au fur et à mesure des besoins.

Les tirailleurs malgaches ne reçoivent à titre gratuit que le grand équipement ; l'habillement et le petit équipement sont fournis par la masse individuelle dont les allocations sont calculées en conséquence ; enfin, les tirailleurs sénégalais reçoivent à titre gratuit l'habillement, le grand et le petit équipement, à raison d'un certain nombre d'effets par an.

Les trois régimes sont également sujets à critique, mais le plus imparfait des trois est certainement celui en usage dans les corps de troupes européens, car il réunit les défauts des deux autres savoir : la complication, le manque de souplesse et les conditions de son application qui, comme on le verra plus loin, sont très onéreuses pour l'État.

La délivrance d'effets d'habillement à titre gratuit et pour une durée déterminée, entraîne l'établissement d'une comptabilité très délicate et qui n'atteint pas toujours son but. Même dans la métropole, il est laborieux de suivre tous les effets d'un régiment, au cours des livraisons et réintégrations successives. L'enregistrement et la matricule de l'habillement des effets en service avec l'indication de leur durée représente un travail considérable, qui ne permet pas toujours d'obtenir le résultat cherché. Il arrive en effet souvent que, par suite de négligences ou d'erreurs de secrétaires, les inscriptions figurant au registre matricule de l'habillement sont inexactes, et alors la vérification trimestrielle des « états d'effets dus » est une source de contestations entre les compagnies et le service de l'habillement.

Si ces inconvénients existent pour un régiment métropolitain, où les hommes font rarement mutation, que dire des difficultés, des chances d'erreurs que présente la tenue de cette même comptabilité dans un régiment aux colonies où les mutations sont incessantes. Il en résulte des écritures très nombreuses, très compliquées, et quels que soient le zèle et le bon vouloir des comptables, des erreurs fréquentes dans les délivrances et les inscriptions des effets.

Ce régime manque d'ailleurs autant de souplesse que de simplicité ; il ne laisse en effet aucune marge à l'initiative du commandement pour maintenir les délivrances dans les limites des besoins. Le remplacement, pour ainsi dire automatique, des effets au terme de leur durée légale, ne permet de tenir compte, ni des différences inévitables qui se produisent d'homme à homme dans la façon d'entretenir les effets, ni des conditions spéciales dans lesquelles les différentes unités, souvent dispersées pour un même corps, peuvent se trouver placées.

A Madagascar, notamment, la réglementation actuelle de l'habillement a été la source des plus grandes difficultés. La variété des climats, la dispersion des troupes et la diversité de leurs emplois exigent impérieusement qu'en matière d'habillement, comme en matière d'alimentation et de logement, on élargisse le rôle des commandants d'unité, quitte à augmenter en même temps leur responsabilité. Pour citer un exemple, il ne faut pas que deux capitaines appartenant au même régiment soient liés par un même règlement pour la perception des effets, alors que l'un tient garnison en Émyrne où la température est relativement basse toute l'année, où les nuits sont fraîches, où il faut surtout habiller les hommes en drap, alors que l'autre est stationné sur la côte, où le port presque constant d'effets en toile est une condition essentielle de bonne hygiène et de santé. Il est évident que, dans ces conditions, un règlement ne permettant pas la distinction, pèche par la base et doit être modifié.

D'autre part, comme on l'a déjà dit, une conséquence immédiate de ces règlements tout d'une pièce est que leur application est très onéreuse pour l'État.

Pour décider, à l'avance, qu'un effet quelconque ne sera pas remplacé, quoi qu'il arrive, avant un délai déterminé, il est évidemment nécessaire d'assigner à cet effet une durée inférieure à celle qu'il pourra atteindre dans la moyenne des cas. Or, il en résulte très souvent que la durée légale impartie à un effet d'habillement expire bien avant qu'il soit réellement inutilisable. Il advient alors, qu'usé ou non, l'effet est déclaré hors de service et, comme tel, laissé entre les mains de l'homme, ou employé pour les réparations ou comme chiffon, ou enfin vendu à vil prix par le service des Domaines. Dans les trois cas, cette mise hors de service prématurée entraîne pour l'État une perte assez considérable et que rien ne vient compenser.

Les hommes n'en sont pas mieux habillés, car ceux qui sont naturellement soigneux, sachant qu'ils verront remplacer leurs effets, usés ou non, à une date déterminée, arrivent à perdre leurs qualités d'ordre et d'économie; quant aux autres, ils ont tôt fait de transformer en tenue malpropre, qu'ils portent jusqu'au terme de sa durée légale, les vêtements qu'on leur confie. Personne n'étant intéressé à la conservation de l'habillement, celui-ci est mal conservé, et les hommes sont mal, quoique coûteusement habillés.

Parallèlement au régime de l'habillement, dont les principaux inconvénients viennent d'être passés en revue, fonctionne la masse individuelle qui, au moyen d'une première mise payée au moment de l'incorporation et d'une prime journalière allouée pendant toute la durée du service, pourvoit aux besoins de l'homme en effets de petit équipement.

Cette masse ne saurait être présentée comme constituant la perfection pour les systèmes en usage ou pour celui à organiser. Elle est onéreuse pour l'État, attendu que les allocations sont calculées de telle façon qu'un soldat soigneux et placé dans des conditions normales doit, au bout de quelque temps, et tout en étant pourvu des effets réglementaires, recevoir trimestriellement, à titre de décompte, une somme égale à l'excédent des allocations sur les dépenses; les écritures sont compliquées; enfin, la nécessité de prévenir les aléas occasionnés par les rectifications des masses, oblige à ne payer cet avoir aux hommes libérés qu'après arrêté de la comptabilité trimestrielle, d'où des retards qui provoquent de nombreuses réclamations.

La masse individuelle a donc, elle aussi, ses défauts et l'on serait tenté, *a priori*, d'emprunter aux troupes métropolitaines leur masse d'habillement collective par unité.

Théoriquement cette masse fonctionne en effet dans d'excellentes conditions. Mais pour qu'un tel système produise des effets satisfaisants, il est nécessaire que la surveillance des magasins soit suivie, au jour le jour, de très près, cela est si vrai que dans les troupes métropolitaines les commandants d'unité consacrent une grande partie de leur temps à cette lourde tâche. Il faut de plus que les hommes ne soient pas l'objet de mutations trop nombreuses. La bonne exécution de ce service est donc strictement subordonnée à la stabilité des cadres et de la troupe.

Or tel n'est point le cas pour les troupes coloniales dont le service diffère essentiellement de celui des troupes métropolitaines. En France, les capitaines sont constamment déplacés, et les cadres sous leurs ordres ne changent pas moins souvent; d'autre part, en raison des nécessités du service colonial, les hommes, composés en majeure partie d'engagés de quatre et cinq ans et de rengagés, ne font que passer dans la métropole; aussi peut-on affirmer que, d'une manière générale, il suffit de quelques mois pour qu'une compagnie soit entièrement renouvelée, en cadres et en hommes.

Aux colonies, les mouvements sont plus nombreux encore, car, aux mutations normales, dont il vient d'être parlé, s'ajoutent celles provenant des décès, maladies, division, dispersion des unités, etc.....

Tout système qui a pour base la stabilité des cadres et des hommes, c'est bien le cas d'une masse d'habillement collective, semble donc devoir être écarté comme étant incompatible avec l'organisation et le service des éléments français des troupes coloniales. Au surplus on peut ajouter que ces considérations subsistent, avec toute leur valeur, qu'il s'agisse d'une masse collective par corps, ou d'une masse avec fonds commun et fonds particuliers des unités.

S'ensuit-il qu'on doive maintenir purement et simplement les règles existantes ? ce serait renoncer à tout progrès dans l'ordre administratif ; or il semble qu'on puisse arriver à un résultat appréciable en choisissant parmi les systèmes en vigueur celui qui offre le plus d'avantages, quitte à le modifier dans le sens le plus utile. Si, en effet, le service actuel de l'habillement, basé sur la délivrance gratuite des effets, est très défectueux, il n'en est pas de même de la masse individuelle qui, malgré ses imperfections, a toujours donné des résultats satisfaisants : elle facilite le calcul des dépenses budgétaires, en ce sens qu'il suffit de déterminer une fois pour toutes, d'après le prix de revient et la durée normale des effets, la première mise et la prime à allouer à chaque homme ; connaissant ensuite l'effectif entretenu, les prévisions budgétaires se déduisent, par un simple calcul, aussi exactement que possible.

D'autre part, et c'est là une de ses qualités essentielles, l'homme est intéressé, directement, à la bonne gestion de sa masse, car, s'il est soigneux, s'il entretient intelligemment ses effets, l'usure se réduira au minimum, et la récompense palpable se traduira par le payement, à titre de décompte, de l'excédent de ses primes sur les dépenses. Il va sans dire que l'autorité supérieure a toujours la possibilité de prendre des mesures pour que les primes soient calculées de telle façon que le décompte payé ne puisse pas dépasser un chiffre raisonnable. De même, il appartient aux chefs, à tous les degrés, de veiller à ce que l'homme soit toujours pourvu des effets qui lui sont nécessaires. Ce système est, en outre, un stimulant pour l'homme, qui prend des habitudes d'épargne, et se prépare ainsi à tenir plus tard, dans la vie civile, sa place en bon et utile citoyen.

En résumé on peut dire :

1° Que le système de l'habillement en usage dans les troupes coloniales est suranné et présente de sérieux inconvénients auxquels il est urgent de mettre fin ;

2° Que la masse d'habillement collective paraît actuellement devoir être écartée pour les éléments français des troupes coloniales et cela pour les raisons énumérées plus haut qui sont inhérentes à l'organisation même de ces troupes;

3° Que la masse individuelle, seule, répond, du moins quant à présent, aux besoins des corps français coloniaux.

On est donc naturellement amené à donner la préférence à la masse individuelle et à préconiser l'extension de cette masse aux effets d'habillement qui seraient délivrés, désormais, aux mêmes conditions que les effets de petit équipement, c'est-à-dire selon les besoins réels de l'homme; ces besoins, aux colonies, varient à l'infini selon les climats et la situation de l'individu, auquel l'État allouerait une première mise et une prime journalière convenablement calculées. Il appartiendrait aux ministères compétents de fixer le mode de délivrance des effets par les magasins de l'État ou des corps, de délimiter la latitude laissée aux corps pour se pourvoir de certains effets, et de déterminer les règles à suivre pour le passage des masses et des effets d'un ministère à l'autre.

Les résultats de l'application de cette mesure se traduiraient immédiatement par une simplification notable de la comptabilité, et par une latitude beaucoup plus large, laissée à chacun.

Ce système présente cependant un inconvénient qu'il convient de faire ressortir. Comme on l'a déjà fait remarquer, l'avoir à la masse n'est payé aux libérés qu'après arrêté de la comptabilité trimestrielle, c'est-à-dire assez longtemps après la libération. Cette mesure, qui a pour but de parer aux aléas résultant des rectifications de masse, postérieures à la libération, provoque de la part des intéressés de nombreuses réclamations et entraîne une correspondance ennuyeuse et absorbante. Au surplus, il faut reconnaître que ce retard n'est pas très équitable, l'homme pouvant, au moment de sa libération, être pris au dépourvu et se trouver sans argent et sans travail; dans cette situation, si elle se produit, le reliquat de sa masse est non seulement plus utile, mais indispensable pour suffire à ses premiers besoins. Le problème n'est pas insoluble; il suffirait, en effet, pour couvrir les aléas de l'espèce, d'effectuer, sur l'avoir à payer, un léger prélèvement en faveur de la masse générale, qui pourrait alors supporter, le cas échéant, les débets ou dépenses subséquents. Cette solution paraît de nature à écarter l'inconvénient le plus sérieux reproché si justement à la masse individuelle.

Sous-officiers rengagés. — Jusqu'à ce jour, le sous-officier rengagé des troupes coloniales, comme celui de l'armée de terre, a été traité, au point de vue de l'habillement, sur le même pied que le soldat.

Le sous-officier de l'armée de terre est généralement nommé à ce grade tout jeune; sa situation est essentiellement sédentaire; il est constamment auprès de ses officiers et en contact avec ses hommes. Ces errements peuvent donc s'expliquer à son égard.

Il en est tout autrement du sous-officier des troupes coloniales : celui-ci obtient le grade de sous-officier fort tard, après quatre, cinq, six ans de service, parfois davantage, par conséquent à l'âge mûr. C'est véritablement un homme de carrière. Aux colonies, il est, la plupart du temps, livré à lui-même, jouissant d'une large initiative et rendant des services signalés. Pourquoi, dans ces conditions, ne pas l'affranchir de l'obligation de toucher ses effets comme le soldat, c'est-à-dire à des dates déterminées et rigoureusement imposées. Il est vraiment à désirer qu'une mesure radicale soit prise à cet égard..... Il suffirait d'allouer au sous-officier, au moment de son rengagement, un complément de première mise égal au montant des effets dont il doit se pourvoir par suite de sa nouvelle situation, et de lui payer ensuite, mensuellement, une prime représentant la valeur de l'entretien et du renouvellement de ses effets. On pourrait aussi, et ce serait peut-être la solution la meilleure, étendre à tous les sous-officiers rengagés le système adopté pour les adjudants et leur attribuer une solde comprenant l'achat et l'entretien des effets de toute nature.

Avec une réglementation de ce genre, le sous-officier rengagé serait enfermé dans des règles moins étroites; toutefois, en vue du renouvellement des stocks de mobilisation, il serait tenu, dans les limites prescrites par le commandement, de se fournir des effets réglementaires aux magasins de l'État ou des corps. Cette mesure aurait pour effet de rehausser la situation du sous-officier, de flatter son amour-propre et, par voie de conséquence, d'augmenter la valeur des services rendus par ces auxiliaires si utiles.

Tout ce qui vient d'être dit, au sujet des systèmes d'habillement, s'applique aux éléments français des troupes coloniales.

Que se passe-t-il en ce qui concerne les éléments indigènes de Madagascar (tirailleurs malgaches et sénégalais)?

Tirailleurs Malgaches.

Le mode d'habillement en usage dans les corps de tirailleurs malgaches consiste à augmenter les allocations de la masse individuelle pour permettre à celle-ci de pourvoir à l'achat non seulement du petit équipement, mais aussi de tous les effets d'habillement. Il ne comporte aucune délivrance à titre gratuit. D'autre part, au moment de sa libération, l'indigène emporte les effets dont il était pourvu et reçoit le montant de son avoir à la masse.

Quoique préconisé, dans son ensemble, pour les éléments français, un tel système ne se justifie, en aucune façon, pour les indigènes.

On sait en effet que l'un des défauts de la masse individuelle, telle qu'elle est pratiquée, est de faire supporter à l'État des charges très lourdes; or, si des raisons multiples exigent que l'État s'impose certains sacrifices pour l'Européen, dont les services exceptionnels, rendus aux colonies, méritent un traitement de faveur; si, par ailleurs, il est logique et même équitable d'adopter des mesures spéciales pour le soldat français, objet de mouvements incessants, de mutations continuelles, fréquemment appelé à vivre éloigné de la portion centrale, ou à servir isolément, loin de la surveillance de ses chefs, il n'en est point de même de l'indigène qui reste chez lui, au milieu de ses congénères, et constamment au contact et sous la tutelle de ses supérieurs. Dans ces conditions, il ne faut plus retenir que l'inconvénient déjà signalé du système de la masse individuelle, d'être très onéreux pour l'État. Un calcul fait, pour 1902, par le 1er régiment, à l'effectif moyen de 1629 hommes, montre que les avoirs remboursés, au moment de la libération, s'élèvent à environ 25,000 francs, auxquels il y a lieu d'ajouter la valeur des effets emportés; on peut en conclure qu'avec ce système, l'État payerait annuellement, à Madagascar, une somme d'au moins 100,000 francs d'avoir à la masse au moment des libérations. Or, cette dépense serait à la fois inutile et nuisible : inutile, parce que le Malgache est essentiellement imprévoyant et ne fera jamais un usage raisonnable des sommes dont il pourrait disposer, ou des effets qu'il aurait emportés à sa libération; nuisible, parce que l'attrait d'une somme importante pour des indigènes, les incite à quitter les drapeaux dès qu'ils sont libérables; c'est donc une prime au non-rengagement. Il arrivera souvent aussi que les effets du tirailleur malgache libéré seront gaspillés en pure perte; c'est ainsi qu'à diverses reprises j'ai dû prendre des mesures pour empêcher le port irrégulier d'effets militaires vendus à vil prix à des indigènes quelconques, qui les portaient en loques dans les rues de Tananarive ou d'autres villes de la colonie. Ces divers inconvénients condamnent le système actuel et imposent sa suppression.

Tirailleurs Sénégalais.

Pour les tirailleurs sénégalais, les besoins de toutes sortes en habillement, grand et petit équipement, sont satisfaits gratuitement. Mais chaque effet étant délivré pour une durée déterminée, il a fallu, en vue de négliger les cas particuliers et d'établir une règle uniforme, évaluer cette durée très largement. Il en résulte pour l'État une perte que le 3e sénégalais a pu évaluer, pour l'année 1902, à environ 14,000 francs.

Envisagé dans son ensemble, ce mode d'habillement est pourtant moins imparfait que celui en usage aux tirailleurs malgaches; il est notamment plus simple et ne demande qu'une comptabilité réduite. Il suffirait, pour le mettre à l'abri de toute critique sérieuse, de lui donner une souplesse suffisante qui permît de l'adapter aux cas particuliers, et d'éviter ainsi les pertes résultant des estimations faites pour la généralité des cas.

On peut arriver très facilement à ce résultat par la suppression radicale de la durée des effets et par l'organisation d'une masse collective constituée au moyen d'allocations individuelles destinées à faire face aux besoins en effets de toute nature. L'excédent des allocations sur les besoins normaux, au lieu de former un pécule au profit d'individualités, ainsi qu'il advient avec la masse individuelle, constituerait une sorte de régulateur du système, en ce sens que, par ses variations, il fournirait toutes les indications voulues pour modifier au besoin le taux des allocations, et pour maintenir ainsi un juste équilibre entre l'intérêt de l'État et les besoins des hommes.

Quel serait le chiffre des économies résultant, pour l'État, de ce système? L'expérience seule permettra de le dire; du moins peut-on affirmer, dès maintenant, qu'elles seraient considérables.

Ce système, comme celui de la masse de ravitaillement et de baraquement, qui a donné de si bons résultats, présenterait en outre l'avantage de faire appel au bon sens et à l'esprit d'initiative des commandants d'unité, qui pourraient délivrer les effets, non plus à date fixe et d'après des règles immuables, mais suivant les besoins et les climats; il les pousserait aussi à s'intéresser constamment à tout ce qui touche au bien-être des hommes.

La pacification de la grande île est un fait accompli; désormais, les mouvements de troupes seront l'exception; les unités seront généralement concentrées sous la main du commandant d'unité ou tout au moins sous le commandement d'un officier; il semble donc que le moment soit venu de choisir résolument un système d'habillement uniforme pour tous les éléments indigènes; celui des Sénégalais, modifié dans le sens indiqué plus haut, paraît réunir les meilleures conditions. Dans un intérêt général, je ne saurais trop insister pour son adoption.

IV

SOINS MÉDICAUX

Dans l'exposé qui précède, nous n'avons examiné que la vie active du soldat et les précautions prises pour le maintenir en bonne santé. Il reste à compléter ces observations en donnant quelques renseignements sur le fonctionnement du service médical du corps d'occupation et sur les mesures prises par le commandement pour procurer des soins éclairés aux militaires malades ou fatigués.

Là encore, si l'organisation n'est pas nouvelle, elle a été du moins profondément modifiée pour pouvoir s'adapter à la situation spéciale dans laquelle se sont trouvées les troupes pendant la période troublée de l'insurrection.

Le service médical militaire de Madagascar est subdivisé en quatre formations bien distinctes : ***hôpitaux militaires, infirmeries-ambulances, infirmeries de garnison, postes médicaux*** desservis par des médecins mobiles.

Le fonctionnement des hôpitaux militaires coloniaux est trop connu pour qu'il soit nécessaire de s'étendre longuement ici sur les détails techniques de ce service.

C'est d'ailleurs, à peu de chose près, celui des hôpitaux militaires métropolitains.

Dans chacune des villes dont nous avons déjà parlé : Tananarive, Diégo-Suarez, Majunga et Tamatave est installé un de ces hôpitaux.

Sous la haute direction d'un médecin-chef, un certain nombre de médecins soignent les malades militaires évacués sur ces grandes formations. Le personnel technique comprend aussi un ou plusieurs pharmaciens et est assisté par le corps secondaire des infirmiers.

L'action des quatre grands hôpitaux est prolongée par celle de sept *infirmeries-ambulances* qui leur sont rattachées administrativement et qui desservent chacune une circonscription territoriale très étendue.

Chacune d'elle est, en somme, un petit hôpital fonctionnant sous la direction d'un médecin chef d'ambulance. Le personnel sous ses ordres, médecins et infirmiers, est en général peu nombreux.

De même que l'hôpital militaire, l'ambulance est mixte; elle reçoit le personnel militaire, le personnel civil, les colons, les indigènes, en un mot toutes les personnes ayant besoin de soins médicaux. Toutefois, en dehors du personnel militaire, soigné à titre gratuit, les hospitalisations sont à charge de remboursement au profit du budget de l'État.

Les malades sont évacués sur l'hôpital de rattachement lorsque leur état de santé nécessite des soins qui ne peuvent être donnés à l'ambulance, ou lorsqu'ils sont dans le cas d'être présentés à une commission de réforme ou à un conseil de santé, par exemple, lorsqu'il s'agit d'un rapatriement.

Le budget de l'hôpital fait partie du budget général des colonies; l'ambulance, au contraire, est alimentée au moyen d'une prime journalière payée par malade présent et les recettes y sont, par conséquent, proportionnelles au nombre total des journées de traitement. Là encore, nous retrouvons le principe de la masse collective, qui permet au médecin responsable de tirer le meilleur parti, sans frais généraux appréciables, des ressources mises par l'État à sa disposition.

Mais, ces formations sanitaires, hôpitaux et ambulances, seraient numériquement insuffisantes pour desservir les nombreux postes militaires souvent très éloignés l'un de l'autre.

D'un autre côté, il paraît préférable d'envoyer dans certains cas le médecin près du malade plutôt que le malade près du médecin.

De là, l'organisation des *postes mobiles médicaux* dans les régions où la densité militaire des troupes paraît insuffisante pour nécessiter l'installation d'une ambulance.

Un médecin militaire, dit *médecin mobile*, est chargé d'une circonscription territoriale comprenant un certain nombre de postes. Sa résidence est fixée dans celui de ces postes qui se prête le mieux à la facilité et à la rapidité de ses déplacements.

Périodiquement, en l'espèce, une fois par mois, il doit visiter tous les postes de son ressort. A cet effet, chacun de ceux-ci comprend une salle de visite, une salle de pansement et un dépôt suffisant de médicaments.

Les commandants de poste, officiers ou sous-officiers sont chargés de donner les soins courants, en attendant la visite périodique du médecin. Ils peuvent, d'ailleurs, appeler celui-ci dans les cas d'urgence.

Cette organisation comprend aujourd'hui six postes médicaux mobiles répartis dans les cercles militaires de l'ouest et du sud ; elle donne des résultats entièrement satisfaisants. En particulier, des instructions techniques, claires et précises données par les médecins aux chefs de postes ont souvent permis à ceux-ci, l'expérience aidant, de donner à leurs malades, avec à-propos et succès les premiers soins dont ils avaient besoin.

Grâce à cet ensemble de mesures, et au réconfort moral que procure la certitude de n'être pas abandonnés en cas de maladie, un grand nombre d'hommes légèrement atteints se sont rétablis sur place et la morbidité et la mortalité de nos troupes ont diminué dans une rassurante proportion.

Les garnisons des postes disséminés dans toute l'île n'ont pas été seules à bénéficier de la nouvelle organisation. Les populations indigènes des territoires militaires en ont également profité pour le plus grand intérêt de la cause française.

En dehors de l'influence considérable acquise par nos médecins militaires mobiles, quelques guérisons sensationnelles ont suffi souvent à un chef de poste pour asseoir d'une façon définitive son prestige et son autorité. Ces populations, généralement très impressionnables, au point même d'être farouches, n'ont pas tardé, la première période de crainte passée, à reconnaître les bienfaits de notre intervention en cessant de voir en nous des conquérants, maîtres seulement de par le droit du plus fort.

Cette énumération des diverses formations sanitaires ne serait pas complète si je ne disais aussi quelques mots des infirmeries régimentaires qui sont, elles, purement militaires et qui restent, pour ainsi dire, en dehors de l'organisation générale dont le fonctionnement vient d'être exposé.

A certaines époques, sous tous les climats tropicaux, et même en France, on voit se produire, par moments, des recrudescences de maladies dans les agglomérations militaires. Ces cas, quelquefois très nombreux, sont en général bénins ; ils peuvent être soignés au corps et ne nécessitent que rarement l'envoi à l'hôpital.

Dans cette prévision, on a organisé à Madagascar des *infirmeries régimentaires* calquées sur celles qui fonctionnent en France.

Leur but est nettement défini par le règlement métropolitain :

« *Les infirmeries régimentaires sont instituées pour permettre de traiter au corps les militaires atteints d'affections dont la gravité n'exige pas l'envoi à l'hôpital.*

« *Elles peuvent recevoir également les militaires sortant des hôpitaux, pendant la durée de leur convalescence, et jusqu'à ce qu'ils soient en état de reprendre leur service et de vivre à l'ordinaire.* »

La plupart du temps, dans les garnisons de Madagascar et en raison du faible effectif de chacun des corps, les infirmeries régimentaires sont groupées en une même formation, dite *infirmerie de garnison.*

Ces infirmeries, au nombre de six actuellement, sont exclusivement réservées aux militaires des corps auxquels elles appartiennent. Pendant leur séjour, les hommes continuent à toucher eur solde de présence ; les corps entretiennent ces formations à leurs frais.

Telle est, dans ses grandes lignes, l'organisation du service de santé militaire à Madagascar. Comme on vient de le voir, c'est, à bien des points de vue, une nouvelle application du principe de collectivité qui a fait la réussite du système des masses de ravitaillement et de baraquement.

Dans toutes les parties de la colonie, chaque jour, médicaments et conseils sont distribués à tous, par tous ceux qui, à un titre quelconque, détiennent une parcelle d'autorité. C'est ainsi que nous réussissons à sauvegarder la vie et la santé de nos soldats coloniaux et à faire pour l'avenir de Madagascar et pour la France ce que n'auraient certainement pas permis de réaliser les règlements surannés, qui, naguère encore, faisaient le fond de notre antique administration coloniale.

Ajoutons qu'à Madagascar le commandement militaire ne borne pas ses soins à procurer aux soldats uniquement le bien-être matériel qui préserve des atteintes d'un climat débilitant et souvent pernicieux ; il s'efforce aussi de leur donner une assistance morale, capable de détourner les esprits et les caractères de toute tendance au découragement et à l'ennui.

Sans parler de l'œuvre admirable des *Femmes de France* dont l'action bienfaisante s'étend à toutes nos colonies et qui est trop connue pour qu'il soit nécessaire de faire ici son éloge, à Madagascar une belle émulation entre les divers corps a permis de donner à nos troupiers des distractions saines qui sont à leur moral ce que le confortable matériel est à leur santé. Jeux divers, lectures, musique, fêtes de gymnastique et de bienfaisance se succèdent sans interruption, les intéressant par un labeur agréable et remplissant les heures de loisir que leur laisse le service.

Ce sont là mœurs et idées nouvelles, totalement différentes de celles qui avaient prévalu jusqu'à présent et dont les heureux résultats sont très nettement accusés par les statistiques.

Parallèlement au service de santé des troupes, le service de santé civil, que dirigent à peu près partout les médecins militaires, est assuré d'une façon non moins complète pour les fonctionnaires des diverses administrations et pour les colons. Enfin, au point de vue indigène, l'organisation de l'assistance médicale, avec ses hôpitaux, ses maternités, ses léproseries, ses consultations gratuites, ses tournées de vaccine, ses conférences populaires et ses brochures de vulgarisation contribue à grandir la France dans l'esprit des Malgaches et à les pénétrer d'une sincère reconnaissance pour l'œuvre de civilisation et d'humanité que notre pays a entreprise à Madagascar.

On a pu, par ce qui précède, apprécier la souplesse, les facilités et les économies que le régime des masses collectives a permis ou peut permettre d'introduire dans les branches principales de l'administration militaire aux colonies.

Avant de terminer cette étude, je crois néanmoins utile de répondre encore une fois à une critique qu'on a faite à ce système.

Le mot de masse sonne mal; il éveille des idées de méfiance et on a souvent dénoncé comme un présent dangereux pour un chef de détachement le droit de gérer avec une certaine indépendance les caisses qui lui sont confiées pour pourvoir aux divers besoins de sa troupe.

Tout d'abord, j'estime que, présenté ainsi, l'argument va beaucoup trop loin dans la suspicion. Les défaillances individuelles, comme toutes les exceptions, ne sont pas impossibles; mais, ce que j'ai vu et ce que je sais des deux modes de gestion me permet de déclarer en toute sincérité que les irrégularités seront beaucoup plus rares et beaucoup plus tôt interrompues avec le système des masses qu'avec tout autre. Enfin, on ne saurait trop répéter que ce système ne sera complet dans son fonctionnement qu'autant qu'il comportera, comme on le pratique à Madagascar, un service permanent de contrôle, assuré de préférence par le commissariat colonial. Ce corps administratif verra ainsi se transformer son rôle; allégé d'une grande partie de ses attributions matérielles, il pourra se consacrer aisément à sa mission de surveillance et de contrôle et devenir à la fois le tuteur des masses et le gardien vigilant de la doctrine qui aura présidé à leur institution.

Ainsi compris, le fonctionnement du système offrira réellement ce triple avantage : stimuler l'initiative du commandement, améliorer les conditions d'existence de la troupe et faire réaliser de sérieuses économies à l'État.

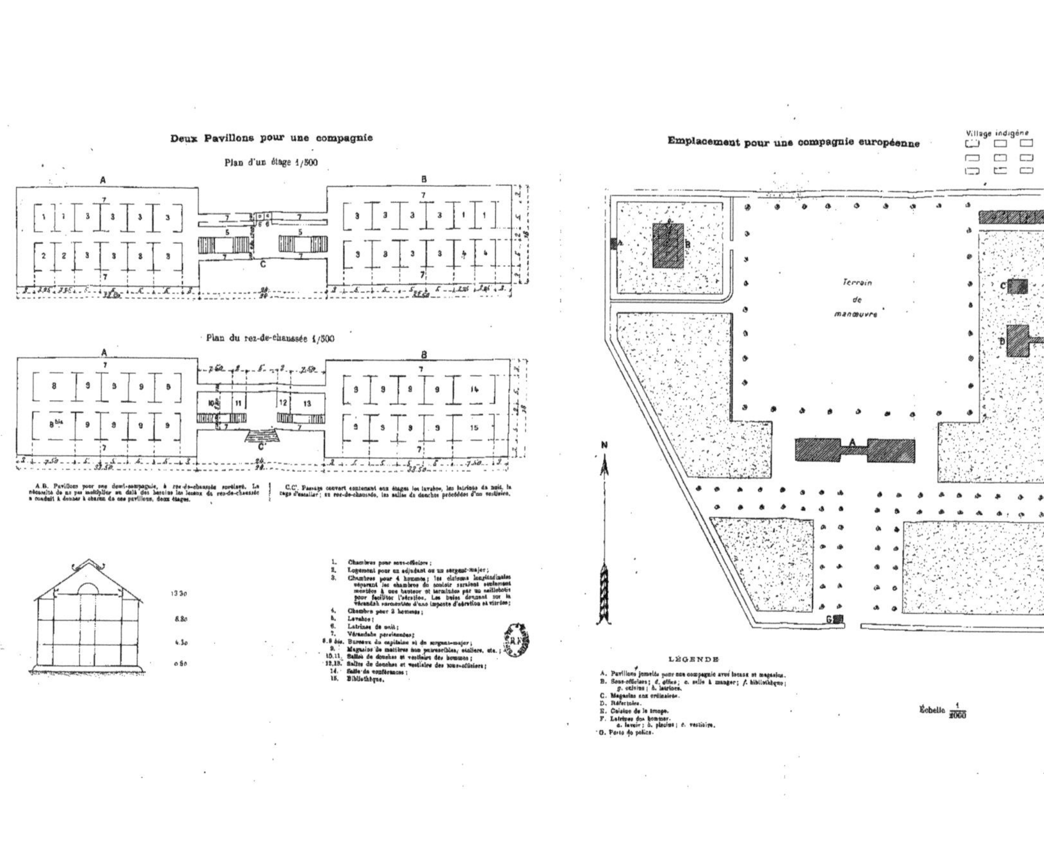
Deux Pavillons pour une compagnie
Plan d'un étage 1/500
Plan du rez-de-chaussée 1/500
A.B. Pavillons pour une demi-compagnie, à rez-de-chaussée surélevé. La nécessité de ne pas multiplier au delà des besoins les locaux du rez-de-chaussée a conduit à donner à chacun de ces pavillons, deux étages.
C.C'. Passage couvert contenant aux étages les lavabos, les latrines de nuit, la cage d'escalier ; au rez-de-chaussée, les salles de douches précédées d'un vestiaire.
1. Chambres pour sous-officiers ;
2. Logement pour un adjudant ou un sergent-major ;
3. Chambres pour 4 hommes ; les cloisons longitudinales séparant les chambres du couloir seraient seulement montées à une hauteur et terminées par un caillebotis pour faciliter l'aération. Les baies donnant sur la vérandah surmontées d'une imposte d'aération et vitrées ;
4. Chambre pour 2 hommes ;
5. Lavabos ;
6. Latrines de nuit ;
7. Vérandahs persiennées ;
8.8 bis. Bureaux du capitaine et du sergent-major ;
9. Magasins de matières non putrescibles, ateliers, etc. ;
10.11. Salles de douches et vestiaire des hommes ;
12.13. Salles de douches et vestiaire des sous-officiers ;
14. Salle de conférences ;
15. Bibliothèque.
Emplacement pour une compagnie européenne
Village indigène
Terrain de manœuvre
N
LÉGENDE
A. Pavillons jumelés pour une compagnie avec locaux et magasins.
B. Sous-officiers ; d. office ; e. salle à manger ; f. bibliothèque ; g. cuisine ; h. latrines.
C. Magasins aux ordinaires.
D. Réfectoire.
E. Cuisine de la troupe.
F. Latrines des hommes. a. lavoir ; b. piscine ; c. vestiaire.
G. Poste de police.
Échelle 1/2000

MADAGASCAR

Masse de Ravitaillement

Magasins des services administratifs et de la masse de ravitaillement.

Organisation du Service de Santé

LÉGENDE

- Magasins des services administratifs ravitaillant les magasins de cercle.
- Magasins de cercle ou de province ravitaillant les magasins de compagnies ou de postes.
- Magasins de compagnies.
- Magasins de poudres.
- Hôpital.
- Ambulance.
- Infirmerie de garnison.
- Infirmerie régimentaire.
- Poste mobile de troupe.

MADAGASCAR

Carte des Postes militaires

Masse de Baraquement

Postes militaires construits ou entretenus par la masse de baraquement.

LÉGENDE

Chefs-lieux de provinces et de cercles.

Postes et villes de garnison.

Bâtiments définitifs construits par les services de l'artillerie et du génie.

Bâtiments définitifs construits par les services de l'artillerie et du génie.

Bâtiments définitifs construits en partie par les services constructeurs, en partie par les corps avec la masse de baraquement.

Bâtiments semi-permanents construits par les corps eux-mêmes avec les ressources de la masse de baraquement et loués aux services locaux.

Bâtiments provisoires construits ou entretenus par les corps eux-mêmes avec les ressources de la masse de baraquement.

TABLE DES MATIÈRES

Paris. — Imprimerie R. Chapelot et Ce, 2, rue Christine.

www.ingramcontent.com/pod-product-compliance
Ingram Content Group UK Ltd.
Pitfield, Milton Keynes, MK11 3LW, UK
UKHW020321220726
13923UKWH00003B/1281

9 782019 923303